心理テクニックで
子どもの深層にアプローチ!

学級担任のための

「メンタルケア」
ブック

臨床心理士
上級教育カウンセラー
岩田将英

明治図書

はじめに

　教師はメンタルケアの専門家である，と私は考えています。

　「心を扱う」仕事，というのは，何もセラピストや精神科医だけではありません。確かに「病」の世界に入ったら，セラピストや精神科医の出番です。それは間違いありません。

　しかし，メンタルケアで大事なことは，「病」の世界に入らせない予防的・開発的なアプローチです。

　この**予防的・開発的なメンタルケアこそが，教師の得意分野**です。

　何しろ，私たち教師は子どもたちと毎日過ごします。子どもの異変にすぐに気づくことができますし，その場でケアすることができます。予約を入れたり，何週間も待ったりする必要がまったくないのです。

　私は臨床心理士をはじめとするいくつかの資格を持っています。しかし，「あなたはカウンセラーですか？」と聞かれたら，「いいえ，教師です」と自信をもって答えます。現に，900人を超える大規模校の教頭として，毎日校内，校外を問わず駆け回っています。

　かつて，「食べる前に飲む！」という胃薬のキャッチコピーがありました

が（古っ！），「病む前に指導する！」というのが教師のメンタルケアの肝だと考えています。「打って出る教育相談」「打って出る生徒指導」という言葉があります。「打って出る」は教師のアプローチにおいて，非常に大事なポイントです。

　この本で紹介する手法は，案外，真新しいものはないのかもしれません。普段，私たち教師が何気なくやっている経験則を，心理学的な裏付けで整理し，**偶然成功していたやり方が，成功するに決まっているやり方として**，先生たちの心強い武器になるように書いてみました。

　人生100年時代，子どもたちには様々な困難が待ち受けていることでしょう。どんな困難な状況においてさえ，子どもたちが豊かに生きていくための力を私たち教師がつけていかなくてはなりません。**子どもたちが「正解のない問い」に答えを出し続けなければならない時代が来ますが，それを支えるのは自分自身を肯定できる心の安定や，困難を乗り越えられる力**です。

　この本が多くの子どもたちや保護者，そして同志である先生たちの何らかの糧になれば，この上ない幸せです。

2020年11月

岩田　将英

CONTENTS

CONTENTS

CONTENTS

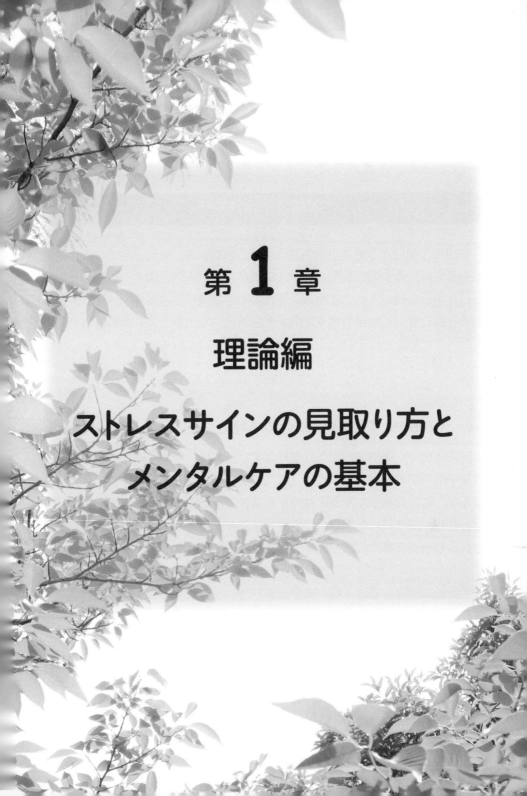

第 1 章

理論編

ストレスサインの見取り方と
メンタルケアの基本

世の中の状況と
子どものメンタルヘルス

不確実性の時代

　全国的に頻発する地震や集中豪雨などの自然災害，新型コロナウイルスの感染拡大による生活の制限，大学入試改革など，昨日とほとんど変わらない今日が明日も続いていくような，変化の小さな時代とは対極の状況が現代の日本社会です。そのような変化の大きな時代に私たち大人も翻弄されていますが，子どもたちはそれ以上に大きな影響を受けています。

 ### 子どもがますます見えにくくなる社会

　2000年代に学級崩壊という言葉が広まりました。教室を勝手に出ていく子，授業中にも関わらず立ち歩く子，教師の指示を聞かずに好きなことをやり続ける子，などの様子が教育の荒廃を象徴するかのように語られました。

　しかし，20年経った現在，そのような荒れの姿は確かに存在するのですが，それよりも近年急速に広がっているのが「目に見えない静かな荒れ」です。

　代表的な例として，一見，教室は落ち着いているように見えるのですが，全体的に覇気がなく，授業中に発言をする児童がほとんどいない，という状態があります。

　子どもたちの学級への所属感は低く，やらなければならないことはそつなくこなすのですが，子どもたちは義務感で行動しているかのようです。何か行事で学級の代表やボランティアを募っても誰も名乗りをあげず，教師が立

候補を促す声だけが空しく教室に響いている，という光景があります。まれに自分から進んで取り組もうとする子がいると，それ以外の子どもたちが目配せをしたり，ひそひそ話をしたりして，何だか陰険なムードが教室を包んでいるのです。

　また，ここ最近増えているのは，そのような怪しげな雰囲気すら醸し出さず，表向きは担任とも級友ともコミュニケーションがあって楽しいクラスのように見えるのですが，実はSNS等で陰湿ないじめが起きている，というケースです。

　世の中が，他人に対して優しく，配慮をするのが当たり前という風潮が広がってきたことによって，**優しくかつ他人を慮る行動が，本心からではなく，単なる「行動のスキル」として身についている子どもが増えてきた**ように感じます。

　その分，心に思った本音の部分と，目に見える行動の部分とのギャップが大きく，大人から見て子どもの心が見えにくい，そして，子ども自身も自分自身の本心が見えにくい傾向が強くなっていると思われます。

　かつて，レイチェル・シモンズ（2003）が女の子のいじめについて，次のようなことを述べました。女の子は男の子のような攻撃性の表現（殴るや蹴る）が文化的に許されていないから，無視や仲間外しをするのである，と。つまり，無視や悪口，仲間外しは，表立った攻撃性をカムフラージュした攻撃性の1つの形であるということです。だから，学校において暴力の排除が進んだ2000年代，男子は殴ったり，蹴ったりしないかわりに，無視や悪口やメモ回しをする，かつての女子に多く見られた行動が目立っていきました。

　それと同じように，今度は無視や悪口すらも教室で見られないかわりに，親も知らないネットやSNSの世界で攻撃性を表現するようになりました。以前は教室の中のいじめが見えない，気づかない，という巧妙に隠蔽された非行や問題行動の姿がありましたが，現代においては教室自体にいじめは存

在しておらず，ネットで展開されるいじめの片鱗だけが，幸運ならば教室で見つけられることがある，というのが実態なのではないでしょうか。

 親の経済格差が子どもの人生を左右する
....

　「東大生の親の年収950万円以上が54.8%」という記事が報道されました。その親と同年代の世帯収入で950万円を超えるのは全体の22.0%です（舞田敏彦「『東大生の親』は我が子だけに富を"密輸"する」プレジデントオンライン）。

　明らかに富裕層が再生産され，逆に貧困層も再生産されています。どういう家庭に生まれたかによって，子どもの将来が大きく左右されることがデータによって示されています。

　大学入試改革が発表され，今までの大学入試センター試験の変更がアナウンスされると，一斉に大学の付属学校の偏差値が上がりました。不確実な大学入試を回避して，わが子の進路を安定させようという心理が働いているようです。少子化にも関わらず，中学受験人口が増え，親の関心の高さが窺えます。

　とはいえ，その中学受験をわが子にさせることができる世帯収入は，年収にして800万円以上の家庭です。しかも，小学校あるいは中学校から大学まで私立学校に通わせられる収入がある家は，さらに限られた層です。

　その一方で，子どもの貧困率（2015）は13.9%，ひとり親世帯の貧困率（2015）は50.8%でG7の中ではアメリカに次いでワースト2位です。公立学校においては，その両方の層の子どもが通ってきており，保護者の教育への関心の高低や，生活環境や文化的な背景にはばらつきがあります。

　また，生産労働人口の減少に伴い，外国からの労働者の流入が多くなって

います。2018年10月末時点での外国人労働者の数は約146万人（厚生労働省）と言われています。その外国人労働者の子どもたちが，各地の小中学校へ通いはじめ，日本語支援をはじめとする様々なサポートを必要としています。

　このように家庭の経済的な背景や，文化的背景によって，子どもの価値観や行動様式が形成されていきます。教室はそういう意味において，異文化交流の場ということができます。それらの背景に十分な配慮をしながら，子ども同士の人間関係や学習環境を整えていく必要があるのです。

 ## 新型コロナウイルスの影響で子どもの心に何が起きたか

　忘れもしない，2020年２月末の木曜日の夕方，ニュースサイトを開いてみると，首相がセンテンスを区切りながら，休校を要請していました。市教委からの連絡はいつ来るのか？３月の学習はどうする？卒業式は？学童ルームはやるのか？職員の勤務は？給食は？子どもたちにどう伝えるか？　色々なことが一気に押し寄せ，当時，職員室は騒然となりました。心配していた卒業式は時間を短縮して行い，６年生にとってはなんとか小学校生活を締めくくることができました。

　しかし，４月に入っても感染拡大の状況は変わりませんでした。

　子どもたちの生活は外出禁止になりどこへも行けず，当然，外食も行楽地へも行けない日々になりました。一時，外国の幼児が，大好きなファストフードやアイスクリームが食べられないことを悲しんで，大いに泣いているYouTube の動画が話題になりました。
　泣いている幼児の，悲しみを全身で表現している姿が可愛らしくて話題になったのだと思われますが，あの姿は，日常を奪われた子どもたちの悲しみ

を代表していたようにも思えます。

　悲劇は続きます。学校から課題が大量に届けられ，一緒に学ぶ仲間もいない中，勉強をしなくてはなりません。しかも，今までに習った単元の復習課題だけでなく，習ったことのない単元の課題も出され，難しくてわからない子どもも少なからずいたようでした。

　そして，「目標の喪失」という事態も，子どものキャリア形成において大きな問題です。高校野球やインターハイ，吹奏楽や合唱の大会の中止が相次いで発表され，練習の機会すら奪われたことによって，部活動を生きがいにしていた子どもたちは大きな喪失感に苛まれていました。

　そのように，子どもたちにとって楽しみなことが次々と奪われていきましたが，一番辛かったことは人とのつながりが断たれたことに他なりません。

　休校が明けた後に，子どもたちに何が辛かったかを聞いてみると，友達に会えなかったことを挙げる子がほとんどでした。授業が受けられなかったことを挙げた子どもは残念ながら，あまりいませんでした。
　人間は他者とのコミュニケーションによって，自分の存在を認識し，理解します。友達と過ごせない時間の分だけ，自分を生きる時間が止まってしまっています。休校によって奪われたのは，楽しい行事やイベントだけでなく，今を生きる感覚「いま，ここ」が奪われていたのです。

　また，他人と会わずに外出を自粛する「ステイ・ホーム」は，子どもの退行（赤ちゃん返り）を引き起こします。
　他人と生活するうえで，自分の伝えたいことを相手に理解してもらうためには，相手の年齢や状況，既にもっている知識を慮りながら，筋道を立てて説明しなければなりません。一方，家族の間では「あれ取って」「ママ，リ

モコン！」だけで通じるほど，省略している情報があります。自分の意思がテレパシーのように通じる世界に３か月あまりいると，家庭外の人たちとコミュニケーションをする場合にも，自分の考えが何でも通じると錯覚しがちになります。

　この傾向は年齢が低いほど起こりやすくなります。だから，休校に限らず夏休みなどの**長い休みが明けた後は，何かとトラブルが起きやすい**のです。

　長期間の休み後に，何だかわがままになったように感じる子どもがいたら，それは長期に及ぶ家庭での生活によって退行が見られている状態なので，時間をかけて社会性を取り戻していく必要があります。

　その一方で，長期に渡る「ステイ・ホーム」で傷ついている子どもがいます。ネグレクトを含めた虐待を受けている子どもたちです。多くの学校は休校とともに給食が提供されなくなりましたから，食事もままならない家庭がありました。さらに追い打ちをかけるように，休業によって勤め先を解雇される保護者も出てきました。緊急事態宣言が解除された後も，経済へのダメージが続いていくことでしょう。

　また，３か月もの長きにわたって子どもが家に居続けることによる保護者の負担，それに伴って子どもへ辛くあたることによるダメージも少なからずあります。「昼ご飯，まだ？」に応え続け，エネルギーが有り余って家中を駆け回る子どもに対峙する親のストレスにも，教師は思いを致す必要があります。**子どものメンタルは保護者のメンタルと連動している**のです。

2 子どものストレスサインは どう表れるのか

見取る力が9割

　同じものを見ているのに，何も感じない人と，兆候や異変を確実に把握できる人がいます。実は，**子どもの変化を見取る力（児童生徒理解，アセスメント）こそが教師の資質の9割**と言っても過言ではありません。これらの資質は，経験によって力がつく場合と，センスを磨くことによって力がつく場合があります。

　いずれの場合も，「この子は今，○○という状態なのかもしれない」という仮説を立てて，本人に聞いてみたり，行動を観察してみたりして，立てた仮説の検証を繰り返すことで見取る力を高めることができます。

 何か変だぞ，という感覚を磨く
．．

　毎朝，学級担任の先生は出席を取ります。私の所属する県では，「健康観察」と称して，出席とともに健康状態の確認をします。「○○さ～ん」「はい。元気です」「はい。少し咳が出ます」のような要領で，全員の名前を呼びます。

　その時に私はいつも，「必ず先生と目を合わせてね。心の健康観察もするから」と子どもたちにお願いしていました。この健康観察の時の，私に向けてくる眼差しで，子どもたちの心の状態を見取っていたのです。

　目と目を合わせる，というのは，なかなか心のエネルギーを必要とします

し，相手と信頼関係をもっていないと，目を合わせることができません。でも，目は口ほどに物を言うので，子どもたちにお願いして，何とか協力してもらっていました。それほどまでに，**子どもの目を見ることで得られる情報は多い**のです。

具体的に言うと，今まで目が合っていたのに，合わなくなる子がいます。それは，その子どもが思春期に入って，教師と距離を取ろうとしている場合もありますし，何か教師に知られたくないことがあって，見透かされそうで怖いので目を合わせない場合もあります。その時に，私は「おや？」と思うのです。

また，合わせた目の力が普段より弱い場合があります。受験勉強や何か悩みがあって睡眠が短くなっていると目の力が弱くなることがあります。他にも心のエネルギーが下がっているときに，目の力が明らかに弱まります。

逆に，今まで伏し目がちだった子がはっきりと目を合わせてきたときや，目の力が強くなっている場合は，何か嬉しいことや自信につながった出来事が最近あった場合があるので，休み時間やちょっとした時間に，「最近，何か良いことがあったのかな？」などと声をかけます。

いずれの場合も「○○だから必ず□□という意味がある」ということではなく，普段の状態（ベースライン）と比較して，どれだけ変化があるかを把握することが重要です。そしてその変化にはどういう意味があるかについては，子ども一人ひとりで意味がまったく違うので，本人に聞いてみたり，行動を観察したりして，教師の仮説（こういうことなのかなぁ～）の検証を繰り返していきます。

そうすることで，「○○さんは，□□のとき，☆☆のような感情をもつ，あるいは行動を取る」という傾向を捉えることができ，この**傾向についての**

情報を学級のすべての子どもたちについて得ることが，児童生徒理解の基本だと私は考えています。

　この情報は子どもの成長と共に変化していくので，日々，更新を繰り返していく必要があります。

 ## 年齢が低いほど，根が深い問題ほど，言語化に時間がかかる

　悩みは話すことで軽くなります。なぜかというと，心の中のモヤモヤは言葉にすると１つの形になるので，自分自身とそのモヤモヤとの間に距離が取れるようになるからです。つまり，悩みは言語化されればある程度「カタ」が付くのですが，言語能力の未熟な低学年や，言語能力が低い子どもはそのような方法を取ることができません。

　ですから，心理療法においては，遊戯療法や箱庭療法など，非言語のアプローチを用いるのが主流です。

　また，問題が大きい場合，言語化することで嫌な記憶がよみがえったり，辛くなったりするので，心がその重荷に耐えられる状態にない場合は，準備が整うまでに時間がかかります。それゆえに，心理面接は回数を重ねる場合があるのです。

　子どものストレスも，言語化されるまでには，何らかの「行動」として表現されます。しかし，それはストレスそのものをわかりやすく表現しているわけではないので，多くの場合，何らかの困った行動や問題行動として現れます。

　教師は学校のきまりや道徳的な観点から叱責する場面が数多くあります。

例えば，廊下を走る，友達を叩く，物を壊すなど，私自身も当然，指導します。

　しかし，その目に見えている表向きの行動と，その行動の隠れた意味や表現，あるいはメッセージは何か？を読み解く「もう１つのチャンネル」を働かせることで，子どものストレスをキャッチする，多面的・多角的な子ども理解につながります。

　もちろん，「もう１つのチャンネル」で読み解いた子どものメッセージは，あくまで仮説にすぎません。冒頭に述べたように，その仮説を子どもに質問したり，行動を継続的に観察したりすることで検証を繰り返し，妥当性を高めていくのです。

　大切なのは目に見えることだけに目を奪われないことです。相田みつをさんの詩やサンテグジュペリの『星の王子さま』ではありませんが，大事なものや大切なものは目に見えないのです。

　その**目に見えないものを見る目を養うのが，教師の資質力量の向上につながる**と私は思います。

メンタルケアの原則

教師にしかできないメンタルケアがある

　「メンタルケア」というと，相談室やクリニックで行われる治療のようなニュアンスがあります。しかし，**私たちは教師であり，治療ではなく成長を促すのが使命**です。子どもたちの「ケア」をしつつ，「サポート（支援）」し，そして「グロウス（成長）」へと導くという意識です。

　もちろん，問題とされる部分にしっかりと配慮をしつつ，子どもたちの健康的な部分を広げていくことで，結果としてネガティブな部分を相対的に小さくしていくアプローチを取っていきます。

　我々教師は子どもたちと毎日，長時間接するので，親と同じかそれ以上に子どもの変化に気づきやすい立場にあります。そのような特徴を生かして，いち早く子どもたちのケアを行うことができます。

 ### メンタルケアはタイミングが命

　人間は生きていくうえで様々な出来事と遭遇します。進学や就職，恋愛，親しい人との別離，事故，天災，病気…。人生で必ず遭遇するものや偶然起こるものなどいろいろなものがあります。しかし，同じ出来事に遭遇しても，ある人は何でもなく，別の人は精神的な不調を起こすことがあります。

　ある出来事が発生して心が揺さぶられると，人はそれを平常に戻すために様々な対処方法を試みます。多くの場合，その人がその時点までに生きてき

た中で，過去に用いて成功した方法を用います。その過去に用いた対処方法によって，揺さぶられた状態が安定すると何事もないようになりますが，その対処方法が通用しない場合，苦痛がいつまでも続いていき，「危機状態」になります。

　この「危機状態」は1週間から6週間続くと言われています。その間に人は平常を目指して何らかの新しい対処方法を試すのですが，その対処方法が健康的な場合と不健康な場合があり，不健康な対処方法の場合，問題行動として表れたり，再び危機状態が表れたりします。

　例えば，親が亡くなった後に，過食を繰り返すようになったり，小動物に危害を加えるようになったりすることなどが，自分の喪失感を埋めるための不健康な対処方法と言うことができます。

　危機状態への新しい対処方法が健康であるか不健康であるかに関わらず，1週間から6週間で平常に戻ってしまうので，その期間に介入をする必要があります。その**タイミングを逃すと，子どもは援助者の介入を受け入れてくれなくなってしまいます。**

 ## メンタルケアの方法「受容・共感・リフレーム・解決志向」

　まず，ケアをする人間とケアをされる子どもが信頼関係を保っているか，という大事なポイントがあります。言い換えると，教師が子どもから見て，困ったことを相談したくなる相手になっているか，ということです。そうでないならば，別の職員，例えば養護教諭や他の教科の教員，部活動の顧問などに協力を求めるのも方法の1つです。

　次に，困ったことが発生したのはいつかを尋ねます。そして，その困った

ことが発生した後に，どのような対処方法を取ったのかを聞いていきます。その対処方法を取っていく中で，家族や周りの友人はどう関わったか，どこかの相談機関とつながっているか，何が有効であったかを聞いていきます。子どもの不安な気持ちやモヤモヤに十分配慮しながら，困っている状況を明確にしていく必要があります。

　気を付けなくてはならないのは，メンタルケアを進めていくうえで，**担任が1人で抱え込まないこと**です。もちろん，守秘義務という大事な点がありますが，学校組織全体で守秘義務を守るという考え方をします。したがって，問題が教師によって引き起こっている場合は別ですが，学年主任や管理職に報告をして，組織で対応する視点を常にもつ必要があります。

　具体的なケアの方法は次の通りです。

---

①受容的・共感的に話を聴く。
②子どもがもつ，出来事や状況の意味付けや理解に別の解釈を入れてみる。
③今までに本人が取った対処方法で有効なものを見つけたり，苦痛が起こらなかった状況（例外）を洗いだしたりする。

---

　①は，子どもの話を無批判・無評価で聴いていきます。そのことで，子どもの不安な気持ちに寄り添うことができます。

　②は，出来事の捉え方にその子ども特有のものの見方（場合によっては誤った見方）があるので，それを変更したり訂正したりすることができます。その試みが成功しない場合でも，子ども自身が危機状況と一定の距離を取ることができます。

　③は，困った状況というのは，100%困った状況で埋め尽くされているのではなく，１％でもマシな状況があります。その少しでも良い状態を広げていくことで，困難な状況が相対的に小さくなっていきます。このアプローチを**「解決志向アプローチ」**と言います。詳しくは拙著『ポジティブ学級に変える！解決志向アプローチ入門』(2015) をご覧ください。

 ## メンタルケアが必要になったのは，ずっと前？ここ最近？

　ある出来事があって，一時的にメンタルケアが必要になる場合を，「状態不安」と言います。一方，何らかの生得的な原因などにより，継続的なメンタルケアが必要な場合のことを「特性不安」と言います。もちろん，状態不安の中にも何らかの生得的な要因（子どもの特性）が背景にある場合もあります。

　状態不安の場合は，早急に手を打って日常生活を送れることに重点を置きますが，特性不安は子どもの不安に対処しつつ，成長を促していくことと，不安を起こさないような環境調整を重視します。
　いずれの場合においても，私たちは教師ですから，教室にて行われる学習や生活の指導を資源として，子どもたちの QOL を高めていく必要があるのです。

　第２章では，子どものメンタルの状態をどのように見取り，そしてどうケアしていくか，という点を具体的に見ていきます。

第 2 章

実践編

子どものストレスサインと
メンタルケア

CASE 1

授業中にぼーっとしていることが多い

意図的に声をかけて
授業への関わりを促しましょう

ストレスサインの要因

ぼーっとしているのは，いつも？ ここ最近？

　理論編でも述べましたが，ぼーっとしているのがいつも（特性）なのか，ここ最近（状態）なのかによって，要因は異なります。

　また，どの教科でぼーっとしているのか，あるいは，どういうシチュエーションだとぼーっとしていないのかを観察することが大切です。

　それらを整理すると，「いつも／最近」と「どの教科も／一部の教科で」を組み合わせた２×２のマトリクスで分類することができます。

4つの条件を分析する

　「いつも／どの教科も」ぼーっとしている場合，自己効力感が低い状態にあります。何をやっても自分はできないし，学級にいても所属感がなく，教室が自分の居場所になってない，とすら感じている可能性があります。

　「いつも／一部の教科で」の場合，その教科において効力感がない（苦手意識がある）場合が考えられます。

　「最近／どの教科も」ぼーっとしている場合は，その姿が見られるようになった少し前に，学習の集中を妨げるような，本人が気になっていること，

心配事が起きた可能性があります。

　「最近／一部の教科」でぼーっとしている場合，今まではできていたのに急にできない学習課題が出てきて自信を失っている場合や，その教科で活動するグループでの人間関係が良好でない場合があります。

担任ができるメンタルケア

意図的に声をかけて授業への関わりを促す

　授業中にぼーっとしている場合は，意図的に指名してその子の考えを聞いてみましょう。そうすることで，その子どもの学習への関心度を高めることができます。教師が意図的に指名をするということは，「あなたへ関心があります」「あなたの考えを私は聞いてみたい」という子どもへのメッセージなのです。間違っても，懲罰的な指名であったり，教師の発問を聞いていないことを責めたりしてはいけません。

休み時間に話を聴いてみる

　授業中にぼーっとしている，という何らかのサインをキャッチしたら，「最近どうですか？」というオープンクエスチョンで質問します。そこで，子どもが話し始めたら聴きます。「何がですか？」と子どもが質問を返してきたら，教師が見取った姿を伝えます。そしてその様子を教師（私）は気になっている，と質問の意図を話します。「別にありません」と答えたら深追いはせず，「もし何かあったら力を貸すので，声をかけてね」と話を終わらせます。ポイントは，原因を聞き出すのではなく，私はあなたを大切に思っています，というメッセージを伝えることです。

CASE 2

やり始めると，時間を過ぎてもやめられない

明確な指示で，
子どもに時間の感覚をもたせましょう

ストレスサインの要因

没頭することで何から目を背けているのかを考える

　良い行動も，悪い行動も継続しているのは，本人にとって何らかの得，メリットがあるからです。精神分析の言葉で「疾病利得」という言葉がありますが，マイナスの行動によって何が得られているのかを考えることは，子どもの行動の全体像を理解するうえで大変有益です。

　何か１つのことに没頭するということは，それ以外のすべてを忘れることであり，現実逃避の手段の１つとして表れる場合があります。

子どもの特性である場合を考慮に入れる

　やり始めると，没頭しすぎる子どもの中には，こだわりが強い特性の子どもが含まれています。そのような場合，現実逃避ではなく，取り組んでいる活動が子どもにとって楽しい活動であり，いわばハマっていることが考えられます。おそらく，その子どもにとってハマる活動に傾向や特徴があるので，活動前から行動の予想を立てることができます。そのような場合は，事前にスケジュールを確認して，時間を意識した「現実原則」を学ぶ機会を多くつくる必要があります。

担任ができるメンタルケア

時間の感覚をもたせる

　状態的に没頭する子どもも，特性的に没頭する子どもも，活動を始める前に必ず時間を明示することが重要です。例えば，書写の学習の時に，「11時になったら書くのをやめます。その後，ふり返りを書いたら，11時5分に清書の作品と，ふり返り用紙を提出してください」と指示をして，黒板に時刻を書きます。

　そして，時々，残り時間を子どもたちに伝えて，残り時間で何ができそうか，何をしなければならないか，をアナウンスします。先程の書写の例で言うと，「残り時間は15分です。あと5枚くらい書けると思うので，手本をよく見て書きましょう」のように子どもたちに伝えます。

終わる時間を本人に聞いてみる

　事前に終了時刻などを明示しても，その時刻を超えてやり続ける子どもがいます。その場合には，次の予定を示した上で，今取り組んでいる活動がいつ終わるのか，本人に聞いてみるとよいでしょう。しかし，子どもが答える時刻が「100時間後！」とか，途方もない数字である場合があります。そのような場合は，「この学習，楽しいのかな？」と尋ね，休み時間や放課後など，続きをやることが可能な時間を示してあげることが有効です。

　大事なのは，行動を改めさせるとか，ストレスを短期的な方法で解決することではなく，子どもから見て「先生は自分のことを大切にしてくれているな」「先生は私の事情を理解してくれているな」という温かさを伝えつつ，学校のスケジュールやきまりなどとの折り合いをつけさせていくことです。

CASE 1
いつも友だちの言うことばかり
きいてしまっている

クローズドクエスチョンを活用しましょう

 ストレスサインの要因

 寄らば大樹の陰

　休み時間に友達にぴったりと張り付いていて，あまり発言もなく，何を考えているのか，どう感じているのか表情に乏しい子どもがいます。教師がその子の考えを聞こうとすると，口ごもったり，黙っていたりするので，傍らにいる友達が見かねて答えてしまうようなことさえあります。そこで，本当にそう思っているのか確認すると，「はい」とか「うん」とか答えて，それ以上は何も言わず無表情なまま…

　不安傾向が強いと自分の決断に自信がもてないので，自分から見て強い子の決めたことや発言に依存することで，自分自身を保ちたいという心理が働いています。

 「補助自我」という考え方

　このように，友達にくっついている自信のない子どもは，精神分析でいうところの自我の働きが弱くなっていることが考えられます。自我の働きが弱くなっていると，現実検討能力や判断力，感情をコントロールする力が低下します。そこで，自我の強さを補う「補助自我」という考え方が有効です。

　この「補助自我」という考えは心理劇（サイコドラマ）を由来とするもので，劇の監督が主役が演じやすいように自発性を引き出していくための手法です。教師が，子どもの補助自我となって，判断するときや決断する時の「自信の源」になることで，友達の言うことばかりを聞くのではなく，自分の考えを徐々に表出できるようにしていきます。

担任ができるメンタルケア

近くを通ったら必ず声をかける

　自我の働きが弱くなっている子どもは，人間関係を構築することがあまり得意ではないことが多いので，教師との関係も他の子どもより薄い傾向があります。そこで，休み時間や机間指導の時に，意図して声をかけるようにします。内容は，「おはよう」「元気？」「よお！」などといった短い言葉です。私はこの働きかけを「種まき」と呼んでいます。この言葉かけの積み重ねが，関係性の構築につながるのです。

クローズドクエスチョンを活用する

　友達の言うことばかりを聞く傾向のある子どもが苦手な質問は，何がしたいのか？どうしたいのか？というオープンクエスチョン（開かれた質問）です。最終的にはその質問に答えられるようにしたいところですが，まずはこちらから選択肢を提示して，選ばせるところから始めるとよいと思います。
　また，そのクローズドクエスチョンですら答えられず，友達の顔を見る場合がありますが，無理に回答を求めず，その子どもと徐々に関係を築く中でやりとりができるよう，長い目で見ていく姿勢が大切です。

CASE **2**

行動が遅く，友だちから厳しく言われてしまう

手順の確認と，
周りの子の寛容さを育てましょう

ストレスサインの要因

ねぇ，早くして！

　学校は集団生活なので，時として競争の原理を用いて子どもの行動を速めることがあります。個人で競争している分にはそれほど問題ないのですが，グループで競わせると，行動の遅い子に対して他のメンバーから文句が出ます。例えば，家庭科の調理実習をする際に，行動の遅い子に割り振られた作業が進まないことで，グループの他のメンバーに影響が出て，ついには「早くして！」という怒りの声があがることがあります。

　行動の遅い子は，①作業に必要なフロー（手順）がわかっていない場合と，②作業を進める行動自体が遅い場合があります。そのどちらか，あるいは両方かを見極めて指導していきます。

環境調整できるのが教師

　行動の遅い子に対して少しでもスムーズに行えるように指導するのと同時に，周りの子どもたちに寛容さをもつように指導する必要があります。人間には得手不得手があって，だからこそ集団でお互いに補い合いながら，社会生活が回っているのです。学校もそのミニチュア版といえます。

　また，連帯責任という考え方や，集団による過度な競争を用いた集団づくりをすると，行動の遅い子にとってはストレスの高い環境になってしまいます。様々な特徴をもつ子どもにとって居心地のよい，ユニバーサルデザインの教室を目指していくと，すべての子どもにとって過ごしやすい教室になります。

担任ができるメンタルケア

行動の見通しをもたせる

　行動が遅い原因として，作業の手順がわからない場合があると先程述べました。さらに，手順がわかっていてもイメージがわかない場合や，不安を抱く場合があります。そのような場合，口頭でやり方を確認する「認知的リハーサル」や，事前に時間が取れれば，実際にやり方をシミュレーションする「行動リハーサル」を行うことで自信をもって進めることができます。

途中で適宜，介入して不安を軽減する

　実際に行動が速くなるには，慣れや練習が必要で時間がかかります。その途上には，「これでいいのだろか」という不安が絶えずつきまとうものです。実際の進捗状況を見ながら，「その調子だよ」と勇気づけたり，「その次は○○するんだったね」などと見通しを確認したりして，適宜，介入していきます。

　また，行動の遅さにイライラしている友達に対して，「○○さんは，少しずつ速くできるように頑張っているんだよ」とか，「きみに協力できることがあったら，やってもらっていいかな？」などと声をかけ，行動の遅い子が傷つく機会を減らすように環境を調整していきます。

CASE 1

友達が自分の思い通りにならなくて怒っている

現実との折り合いをつけてあげましょう

ストレスサインの要因

 ### エリック・バーンの教え

　交流分析の祖であるカナダ出身の精神科医，エリック・バーン（Eric Berne）の言葉に次のようなものがあります。「他人と過去は変えられないが自分と未来は変えられる」。それなのに，友達をまるで自分の家来かのように思い通りにしようとする子どもがいます。

　そうなってしまう背景には次のような場合が考えられます。①心に余裕がなく，自分の欲求がむき出しになっている場合，②心理的な成長が未熟で，自分の願ったことは実現するのが当然であるという「誤った信念」（イラショナル・ビリーフ）をもっている場合，③その友達を自分の下に見ていて，自分の思い通りにすることで支配欲を満たしている場合です。

 ### ストレスに働きかけるか，論理療法の考え方を使う

　ストレスが原因で平常時ならば決して行わないことを行動に移すことがあります。その子どもの本来の姿を，平常時の姿に置いて（信じて），何がその子にストレスを感じさせてしまったか，一緒に分かち合う方法があります。「罪を憎んで人を憎まず」という言葉がありますが，原因をその子どもの人

間性に求めないで，外に原因があるという「外在化」の考え方を使います。そうすることで，人間性に踏み込まずに行動を変えることができます。

　もう1つは，論理療法の考え方です。「友達は自分の思い通りになるべきだ」という誤った思い込みを，「友達は自分の思い通りに動いてくれる時もあれば，そうでない時もある。それは友達にも意思があるからだ」という，合理的な信念（ラショナル・ビリーフ）になるよう支援します。

担任ができるメンタルケア

友達にどうしてほしいのか，本人の願いを尋ねる

　友達の意思に反して実際に行動を強制するのは問題ですが，願いをもつこと自体は悪いことではありません。よくあるのは「自分とだけ遊んでほしい」という独占欲求です。「○○さんはみんなで遊びたいみたいだけど，違う時にあなたとだけ遊ぶことができるか聞いてみてごらん」など，願いを実現するための正当なプロセスを指導します。「私は今遊びたいの！」と怒り出すかもしれません。「気持ちはわかるけど，相手がいることだからね～」と感情をシェアしながら，現実原則を学ぶのを見守ります。

ストレス自体に切り込んでみる

　普段ならそんなことをしないのに，友達を思い通りにさせようとしている場合，率直に尋ねてみる方法があります。「最近，友達に命令しているような感じがするんだけど，何かあった？」「別にありません」「そう。なんかあなたらしくないなって思ったから…。何かあったら教えてね」心理療法でいう「直面」（コンフロンテーション）をマイルドにした技法です。切り込む教師にも覚悟が必要です。ただし，「深追い」しないことが重要です。

CASE **2**
学校のきまりで
自分のやりたいことができずに怒っている

怒りの「目的」を見極めましょう

  ## ストレスサインの要因

 ### 「変な校則」というのは確かにある

　学校というところは，「手段」が「目的」になる傾向があります。「何のため？」と目的を問うと，合理的でない答えが返ってきたり，「きまりだから」という答えが返ってきたりします。そのように，十分な説明ができないきまりについて，子どもが怒ることは非常に健全ですし，私たち教師もそのような子どもたちの意見を真摯に受けとめる必要があります。

　ただし，合理性のあるきまりを破ろうとしていたり，きまりの一つひとつに引っかかって怒りを覚えていたりする場合には，適切な介入が必要です。

 ### 怒りの目的を見極める

　すべての行動には目的があります。怒ることによってその子に何が得られるのか，仮説を立ててみるとよいでしょう。怒ることによって，①学校の枠を破り，自分の思いを押し通そうとしている，②大人への不信を表明している，③注目を集めようとしている，などが考えられます。

　学校のきまりへの怒りは，教師という存在そのものにも揺さぶりをかけられることがあるので，感情的になりやすく，怒りを怒りで返すことになりが

ちです。ですから，行動の目的を見極める冷静な立ち位置が必要になるのです。いずれの目的であっても，「気持ちを理解はするけれども，行動は認めない」という，「部分肯定」の状態を維持します。

担任ができるメンタルケア

本人の願いが明確になるように聴く

　まずは，本人の願いを聴いてみることから始めます。子どもは聴いてくれる教師に過度な期待をもつことがあるので，「実現できるかどうかわからないけど聞かせてくれる？」と前もって言うことは重要です。一通り話し切ったところで，教師は話を要約して「～ということで合ってる？」と内容を確認します。そのうえで，子どもの願いを100％実現できなくても，部分的にかなえられそうな点はないか落としどころを探ります。しかし，部分的にもかなえられそうにない場合があります。そういう時は，「きみのやりたいことがかなえられそうもないので，とても残念だ」と感情をシェアします。

鏡の役割をして，子どもの姿を伝える

　子どもとの関係ができていると，見えている姿を伝え返すことができます。「何か学校のきまりのすべてに怒っている感じがするんだけど，どうした？」と聞きます。関係が十分にできていない，あるいは良好でない場合は，日記のコメントに「何かあったらお話を聞きますよ～」と書いてみたり，その子どもの仲の良い友達に，「何かあったのかな～。先生は○○さんの話を聞いてみたいんだよな～」と間接的に伝えたりして，いわゆる「種まき」をします。関係が十分にできていないのに，鏡の役割をすると攻撃と受け取られるので，まずは丁寧に関係をつくっていくことが重要です。

CASE 1

自分のやりたいことと周りの考えとが合わない

教師が「良き理解者」になってあげましょう

ストレスサインの要因

グループ活動がつらい子

　昨今，「対話的な学び」や「協働学習」ということで，グループでの活動が多く行われるようになっています。しかし，多くの場合，それぞれの個性や多様な意見が生かされるというよりは，グループ内の多数意見や無難な解答に収束する傾向が強く，優れた意見や，独創的な考えをもっている子どもが活躍しづらい実態があります。そのような優れた意見や，独創的な考えの子どもは，グループ学習を行う際に，①自分の考えをグループのメンバーに説明して納得させる，②説明することができず，感情的になって対立する，③自分の考えを表明せず，グループの大勢に従う，④その場にはいるが，グループの活動に参加しない，といった行動をとることがあります。

本当はわかってもらいたい

　自分の考えが優れていることや，独創的な考えをもっていることを認めてほしい，と本人は思っています。しかし，理解が得られないので，寂しい気持ちになっています。教師はそのような子の理解者になってあげるとともに，必要に応じてその子の考えをグループの子どもたちへ「翻訳」する必要があ

ります。なぜならば，独創的な考えをもっている子は，時としてコミュニケーション能力が高くない場合があり，自分のアイデアを周りにわかるように説明する能力まではもっていなかったりすることがあるからです。

　教師がわかりやすく説明することで，周りの子がその子の独創性や考えの素晴らしさに気づいて，「Aくんは，そういうことを考えていたのか！」というように，その子に対する見方を肯定的なものに変えることができます。

担任ができるメンタルケア

教師が良き理解者になる

　本人の考えをよく聞き，要約して伝え返し，教師の理解した内容が本人の考えと合っているか確認します。そして，グループの子どもたちへ，わかりやすく言い換えて本人の考えを伝えます。話し合いはお互いの考えを理解した上で行われるべきですが，理解できないもの，わかりにくいものは話し合いの俎上にすら載らないことがあります。そのような事態を避けて，話し合いができる環境を整えます。

ゴールを見つけさせる

　バラバラの考えをすり合わせるときに，完成形や結論を先に決めて，そこから遡って展開を決めていくとスムーズに活動が進むことがあります。例えば，調べ学習の時に，模造紙で発表するのか，プレゼンソフトを使って発表するのか，どういう結論（オチ）にするのかを先に話し合わせます。

　初めから順番に話し合っていくと，それぞれの考えの違いから作業が滞るので，与えられた時間で完成できず，グループ活動が嫌になったり，独創的な考えをもつ子が責められたりするリスクがあります。

CASE **2**

そもそも友達と活動したがらない

意図的にコミュニケーション量を
増やしましょう

ストレスサインの要因

非社会的な子どもの増加

　他者と関わりをもちたがらない，非社会的な子どもが増えています。とはいえ，ゲームの中や SNS で自分と気の合う人とはつながっています。学校という，自分が選り好みできない人間関係から極力遠ざかろうとする傾向が，学年を追うごとに増えているのも現代の特徴です。その極端な例は不登校やひきこもりですが，学校へ登校してはいるものの，他者と関わりをもたない，もちたがらない子どもが少なからずいます。

　この非社会性の問題は，本人のコミュニケーション能力や人間関係形成能力を培う上で大きな障壁になるという点です。将来の進学や就労において，人間関係を構築する際に難しさを抱える可能性があります。

意図的にコミュニケーション量を増やす

　「友達と活動したくない」理由としては，①他人に合わせるのが煩わしい，②他人から評価されたりして傷つきたくない，③心を許すメンバーがいない，などが考えられます。いかにして，多少なりとも心を許す他者をつくり出していくかが，メンタルケアの大事なポイントです。

　したがって，「友達と活動したくない」という本人の思いの中身や状態を確認しつつ，適切な刺激を与えていく必要があります。「コミュニケーションは量から質」という言葉があります。まず，コミュニケーションの量を増やして，次に質を高めていくという順序を示したものです。構成的グループ・エンカウンター（SGE）やグループ・ワーク・トレーニング（GWT）などの方法を使って，コミュニケーションの量を意図的に増やし，徐々に質を高めていきます。そして，SGEなどを実施した後に個別で呼び，無理はなかったか，やってみてどうだったかを確認します。大切なことは本人の負荷が大きすぎないように，安心感を十分に与えながら実施し，場合によっては参加しないことを認めたり，実施そのものをとりやめたりすることです。

担任ができるメンタルケア

月に1回程度，SGEを実施する

　1時間すべてを使わず短時間で実施できる，「ショートエクササイズ」というSGEがあるので，月に1回程度実施します。席替えをした後に，「サケとサメ」「じゃんけん手の甲叩き」などを実施するとよいと思います。身体接触を伴わないエクササイズとしては，「二者択一」というのがあります。

十分にふり返りをする

　SGEなどを実施した後に，「どんなことに気づいたか，感じたか，考えたか」を子どもたちに尋ねます。エクササイズ（ゲーム）をすることよりも，やってみてどんな気づきがあったか，に意味があります。また，他の友達と活動したくない子どもは，大きなストレスを感じている可能性があるので，実施後に個別で呼んで丁寧に話を聞いてあげるとよいでしょう。

CASE **1**

朝，遅刻してしまう

事情を詳しく聞き，
「例外探し」をしましょう

 ストレスサインの要因

 遅刻は異変のバロメーター

　「時間を守る」というのは規範意識のいろはの「い」です。それが守れていないというのは，子どもの中で何かが起こっている証です。いつもの登校時刻（ベースライン）との違いから，異変を確実にキャッチすることが大切です。その一方で，いつも遅刻してくる子どもがいるのもまた事実です。学校へ行くというのは，子どもにとって多くのエネルギーを必要とします。遅れるのは回避行動の一種である場合があります。何を回避しようとしているのかを考えることは，子どもを理解する上で非常に意味のあることです。

 3つの対応方法

　子どもの問題行動に対して，次の3つの対応方法があると言われます。①教育的対応，②心理的対応，③福祉的対応，です。この考え方は，不登校の児童生徒への対応方法として，小澤美代子先生（2003）が提唱されたモデルですが，不登校以外の行動にも役に立つと考えられます。①の教育的対応は主に，教師による生徒指導等，日常の教育指導においてなされる対応方法です。②の心理的対応は，スクールカウンセラーなどが心理的な側面に焦点を

当てて支援を行うものです。③の福祉的対応は，スクールソーシャルワーカーなどが子どもの家庭状況や生活状況に焦点を当てて支援するものです。

　目の前の子どもの「朝，遅刻してしまう」という事態に対して，３つの対応のうちどれが適切なのか，見極める必要があります。

担任ができるメンタルケア

遅刻する事情を詳しく聞いてみる

　遅刻する事情を聞くのは教師ならば必ずやっていると思いますが，その時に，先程の３つの対応のどれがふさわしいのかを分析的に聞きます。しかし，子どもは親をかばうことがよくあり，福祉的な要因が明らかにされず，自分の怠惰として告白する場合があります。ですから，子どもの話をそのまま信じるというよりも，本当のところは違うのかもしれない，と以前に述べた「別のチャンネル」を意識しながら丁寧に聞いていきます。

例外探しをする

　一時的な遅刻も，慢性的な遅刻も，原因が明らかになったところでそれを取り除くことが難しい場合があります。そういう場合は，遅刻しなかった時はなぜ遅刻をせずに来られたのか，遅刻しかしたことがない子の場合，比較的早く来られたのは何があったのか，というように例外的な日（多少マシな状況の日）の様子を詳しくふり返らせます。その例外的な行動を引き起こした要因が，意図的に起こせる（繰り返せる）ものであれば，それを使って遅刻せずに登校できる日を増やしていきます。

　大事なことは，少しでも改善したときに，すかさずコンプリメント（認める・労う）をすることです。そうすることで，確実に前へ進みます。

CASE 2
集合時刻を守らない，
休み時間が終わっても教室へ戻ってこない

I（アイ）メッセージで
教師の思いを伝えましょう

 ストレスサインの要因

抵抗の種類を見極める

　「時間」は枠（ルール）であると述べました。それを守らないという行動（「抵抗」と言います）を心理学ではいくつかに分類しています。主なものとして，①超自我抵抗「集合時刻は教師が勝手に決めたものだ」（従う義務はない），②自我抵抗「集合時刻にそもそも合理的な理由はない」（意味はない），③エス抵抗「今やっていることが楽しい」（集合しても楽しいことがない），があります。子どもが集合時刻を守らないという事態が，どのあたりに起因しているのかを考えて，アプローチをしていく必要があります。

子どもの発達段階と傾向

　抵抗の種類について簡単に触れましたが，子どもの発達段階によって傾向があります。小学校低学年の子どもたちは，比較的「エス抵抗」が多く，「わがまま」やけじめのつかなさを強く感じることがあります。「エスあるところにエゴ（自我）あらしめよ」というフロイトの有名な言葉がありますが，自分の欲望や欲求（エス）を現実検討能力（自我）によってコントロールできるように指導していきます。一方，思春期に入った子どもは，自我抵抗や

超自我抵抗を示す傾向があるので，教師という立場で上から指導するのではなく，抵抗を示す子どもの考えを聞き，大らかに受け止めながら，こちらの考えを伝える，「説得的な関わり」をしていく必要があります。

担任ができるメンタルケア

I（アイ）メッセージで思いを伝える

　教師（親）という役割から子どもに正しさを伝えるのではなく，私という人間が思っていることを伝える手法を「I（アイ）メッセージ」と言います。

　学年が低い場合，「何で時間に遅れたの！」ではなく，「私（先生）はきみが時間通りに帰って来ないのでとても心配になった」と伝えた方が，子どもの心に伝わります。時間通りに戻ってきたら，「きみが時間通りに戻ってきてくれて，私（先生）はとてもホッとしたよ」のように伝えます。

理由を説明して選ばせる

　学年が上がると，I（アイ）メッセージが辛くなる場合があります。それは，教師が大切に思ってくれているのに，正しい行動ができない自分を子ども自身が責めてしまうことがあるからです。そのような場合は，集合時刻や授業開始時刻に遅れることで，どのようなデメリットがあるか，逆に時間通りに行動することでどのようなメリットになるかを論理的に伝えます。

　そのうえで，どのような行動を取るかは本人次第である旨を伝えます。時間を守らせることを強制的に行うと，本人にとって「やらされ感」や「させられ感」が生じて，メンタル的に大きなマイナスになってしまいます。アドラー心理学に「課題の分離（誰の問題か？）」という考えがあります。状況を改善する主体を子ども自身に渡すことが，成長につながっていきます。

CASE **1**

教師の話を聞くことができない

シェアリングを活用して
フォローしましょう

  ストレスサインの要因

 聞くのは疲れる

　教師ならば経験があると思いますが，教師が話す時間が長い授業ほど，子どもの表情は固くなってきます。私たちも職員会議や研修で話し手の話す時間が長く，聞きっぱなしの時間を過ごすと非常に疲れます。長い話というのは話し手のナルシシズムの発露という面があって，聞き手がそれを受け入れなくてはならないところに苦痛の源があります。そもそも，話を聞いているのか，ただ黙って耐えているだけなのかを見分けることは難しいのかもしれません。いずれにしても，聞くというのは精神的に負担のかかる作業です。しかし，話していると，黙ってこちらを向いて聞いている（ように見える）子どもと，そうでない子どもは一目で見分けがつき，とても気になります。

 話し方にコツがある

　話が聞けない要因として，いくつかのタイプがあります。①話すことが好きで聞くのは苦手，②そもそも話自体に興味がわかない，③話している人が嫌い，④別のことに興味が湧いている，などです。教師はどんなタイプの子どもであろうと，話さなくてはいけない職業ですから，ストレスを感じにく

い話し方をする必要があります。その１つの方法として，「逆三角形に話をする」（頭括型）というものがあります。つまり，結論を先に言って，その詳細を後から述べる方法です。一通り説明が終わったら，デモンストレーション（例示）をして，質問を受け付けるという構成にします。子どもは最初の方と，最後の方に注意が向くので（「初頭効果」と「新近効果」），話の構成を考えて，肝心なところを聞き落とさないような話し方にします。

担任ができるメンタルケア

聞き方のスキルを最初に教える

　私が学級を担任するとすぐに，「話は目で聞きます」というキャッチフレーズとともに，聞き方のスキルを教えます。教師に目を向けることで，「聞く準備ができました」という合図にします。子どもたちの準備ができてから，教師は話を始めます。準備ができるまで待ちます。視線を教師に向けていない子どもには，「〇〇さん，もう少し待ちますか？」と"笑顔"で尋ねます。先生は話したいから話すのではなく，自分たちに必要な話だから話すのだ，という風に理解してもらいます。

時々，シェアリングの時間を入れてみる

　内容によっては，どうしても話が長くなってしまう場合があります。そういう場合は，途中で切ってシェアリング（感想を言い合う時間）を30秒程度入れてみましょう。また，このシェアリングの時間で感想を言い合うのではなく，教師の話した内容を隣同士でざっくりと説明し合う時間にするのもおすすめです。そうすることで，話を聞き逃したり，理解できなかったりした子どもをフォローすることができるからです。

CASE 2

友達の話を聞くことができない

....

聞き合うトレーニングをしましょう

....

ストレスサインの要因

 かかわりのスキルと配慮のスキル

　学級におけるソーシャルスキルとして，「かかわりのスキル」と「配慮のスキル」というものがあります（河村ら，2007）。その代表的なものとして，「自分ばかり話さないで，友達の話をしっかり聞く」（かかわりのスキル），「友達が『内緒だよ』と言ったことは，言いふらさない」（配慮のスキル），の2つがあります。全国の小学生に質問紙調査を行った結果，友達から好かれている子どもは，今述べた2つのことを必ず行っていたそうです。私は担任した学級の子どもたちに，必ずこの話をしていました。

 心を込めて話を聞くのは難しい

　大人のある程度整った話ですら聞くのが難しい子どもたちにとって，子どものまとまらない話を聞くのはさらにハードルが高いものです。仲の良い友達相手ならまだしも，それほど心を許していない相手の話を熱心に聞くのは至難の業です。そこで，話をしている人が，話をしっかり聞いてもらっているように感じる聞き方を，スキルとして学んでもらいます。ポイントを子どもたちに見つけさせる学習がおすすめですが，「うめライス（梅ライス）」と

いうポイントをまとめた言葉を紹介します。①「う」…うなずいて，②「め」…目を見て，③「ラ」…ラスト（最後）まで，④「い」…一生懸命に，⑤「ス」…スマイル（笑顔）で，です。子どもに話を聞いてもらう心地よさを味わってもらい，それを相手にも感じてもらう「ギブ・アンド・テイク」の原理で学級に浸透させていきます。

担任ができるメンタルケア

その子の話をしっかり聞く機会をつくる

　友達の話を聞けない子は，話をしっかり聞いてもらった経験が少ない場合があります。友達の話を聞く前に，まず，その子自身が十分に話を聞いてもらう経験を味わわせてあげたいものです。私がいた学校は，「教育相談週間」というのがあって，学級の子ども一人ひとりと話をする行事がありました。学校現場は何かと時間に制約がありますが，1人10分程度，朝自習の時間などを使って，順番に話を聞く機会をつくってみるのもよいでしょう。

聞き合うトレーニングをする

　話し合う力は「聞き合う力」です。学期の早い段階で，2人1組になって，聞き合うトレーニングをしましょう。私は小学校のすべての学年を担任しましたが，どの学年を担任してもこの聞き合うトレーニングをしました。タイトルを「うれしい話の聞き方」と称して，先程紹介した「うめラいス」のようなポイントを見つけさせて実習するのです。学習した後，聞き方のポイントを教室の壁に掲示して，適宜，ふり返るようにします。スキルは心を伴わないという考えもありますが，スキルによって不必要な傷つき体験を避けることができます。まずは安心感のある教室をつくるのがよいと思います。

CASE **1**

テストを受ける前からあきらめている

....

過去の成功例からヒントを探りましょう

....

ストレスサインの要因

　学習性無力感

　アメリカの心理学者，マーティン・セリグマンが1967年に発表した「学習性無力感」という概念があります。逃げることができない状況で，電気ショックを与えられ続けた犬は，逃げられる状況になっても，逃げずに苦痛に耐え続ける行動を取る，という何だか切ない実験から導き出されました。つまり，「自分は何をやってもだめだ。無駄だ」という経験の積み重ねが，自分自身の無力感をつくり上げてしまうという概念です。

　子どもの受けてきた「ショック」に思いを致す

....

　無力感を感じている子どもは，どんな「ショック」を受け続けてきたのでしょうか？私たちは学習評価をする際に，テストを行います。しかし，このテストの点数が，その子の学習の到達度を示すだけでなく，ネガティブなメッセージになっている可能性があるという点にも目を向ける必要があります。点数が悪いことで「自分は無能である」「自分には価値がない」と思う子どももいるのです。だからといって，テストをなくせない以上，テストを受ける意味や，テストの点数についての受けとめ方を修正して，テストを受ける

度に無力感を大きくしないような手立てを講じる必要があります。また，「ここはテストに出るぞ」「入試に響くぞ」などといった，テストの存在で学習動機を高める教師はあまりいないと思いますが，厳に慎むべきです。

担任ができるメンタルケア

目標を限定（具体化）する

　テストをあきらめている時，子どもはテストという漠然としたものをあきらめていることがあります。ですから，あきらめても仕方がない部分と，何とかできそうな部分とに分け，そのできそうな部分を基に目標を具体化するとよいでしょう。例えば，算数のテストで後半の文章題はできないけど，前半の計算問題は全問正解を目指そう！などというような感じです。

過去の成功例からヒントを得る

　ネガティブな気持ちの時は，すべてが悪い状態だ！と思いがちです。しかし，今までに受けてきたテストが全部０点ということはないと思います。そこで，多少マシだった時（あるいは成功例）の経験を思い出させて，その時にやったことや，努力したことを一緒に探ってみましょう。そこで見つけた方法をいくつか試して，テストに臨んでいきます。うまくいけば，その次のテストにも使います。ダメだったら，別の方法を探します。

CASE 2
学級委員になりたいのに
立候補をためらっている

教師がその子の
「勇気」になってあげましょう

  ストレスサインの要因

 ### 嫌われる勇気

　「すべての悩みは対人関係の悩み」というアドラー心理学の考えがあります。自分のやりたいことがあっても，それを他人がどう思うかが気になって二の足を踏む子どもは数多くいます。思春期以降の子どもはその傾向が強く，自分自身が何をやりたいか，ということよりも他人から何かを言われない状況かどうかを重要視します。また，精神分析にも「失愛恐怖」という言葉があって，自分が愛されない（好かれない）状況を恐れて，他人に迎合したり，自分の本心を隠したりする心の働きを明らかにしています。

 ### ゲシュタルトの祈り

　心の健康は，「I am OK. You are OK.」の状態ですが，上記の状態では，「I am not OK. You are OK.」の状態です。これでは，自分を生きている実感を得ることができません。ユダヤ人の精神科医，フレデリック・パールズの詩に「ゲシュタルトの祈り」というのがあります。その詩の内容にあるように，自分を生きるための覚悟を時々確認する必要があると私は思います。

> 私は私のために生き，あなたはあなたのために生きる。
> 私はあなたの期待に応えて行動するためにこの世に在るのではない。
> そしてあなたも，私の期待に応えて行動するためにこの世に在るのではない。
> もしも縁があって，私たちが出会えたのならそれは素晴らしいこと。
> たとえ出会えなくても，それもまた同じように素晴らしいことだ。

担任ができるメンタルケア

学級委員になって実現したいことを確認する

　学級委員になること自体を目的とする子もいなくはないですが，学級委員になって実現したい願いをもって立候補を考えている子どもの方が多数だと思います。逆に，その願いが学級委員にならなくても実現できるのであれば，別の方法を提案することも考慮に入れます。学級委員にならなければ，その願いが実現できないようであれば，その子の願いがどれくらい強いのかを確認して，その子の背中を押す「補助自我」的な支援が有効です。

担任が補助自我になる

　躊躇している子どもの多くは，「やりたいけど，できなかったらどうしよう」と口にすることが多いです。そういう場合は，過去に本人ができていたことを伝え「あれができたんだから，今度も大丈夫だと思うよ」と伝えます。また，「役が人を作る」という言葉を紹介するのも有効です。「できる人がやるのではなく，やるからできる人になるのだ」と，子どもの思考に働きかける言葉かけができるのも，私たち教師ならではのメンタルケアです。

CASE 1

友達の欠点をバカにする

バカにする子の「勇気づけ」をしましょう

ストレスサインの要因

隙を見せたら負け

　私の話をしますが，中学生の時，都内の男子校へ通っていました。私は中学１年の１学期の中間テストの生物で38点を取ってしまいました。生物の先生は点数の入った名簿を実物投影機に映し，出席番号の１番からスクロールしていきました。出席番号が４番だった私の点数は赤字で38と書かれており，教室は爆笑に包まれました。その屈辱感をバネにして，２学期以降のテストはすべて満点を取って汚名返上しましたが，１度貼られたレッテルは容易には剥がせませんでした。

勇気くじきは勇気の欠乏の裏返し

　前節のように，集団でバカにする雰囲気や，個人で誰かをからかう行動をアドラー心理学では「勇気くじき」と言います。アドラー心理学でいう「勇気」とは，「自己受容」あるいは「自尊心」のことです。他人の勇気をくじく人は，その人自身の勇気が欠乏している状態だと考えます。根本的な解決としては，友達の欠点をバカにする子の「勇気づけ」（自尊心を高め，自己受容できるような働きかけ）を行うことです。

担任ができるメンタルケア

🍀 友達の欠点をバカにする目的を考える

　行動には必ず目的があるので，友達の欠点をバカにすることでその子が何を得ているのかを探ります。「○○さんにすごく言っているように感じるんだけど，何かあったのかな？」と尋ねてみましょう。年齢が低い場合は言語化できない場合があるので，「○○ということ？」といくつか選択肢を出してみると，Yes／Noで答えてくれる場合があります。年齢が高い場合は言いたくないので，黙ってしまうことがあります。そういう場合は，I（私）メッセージで，「あなたが○○さんに言う姿を見ていると，（私は）いろんな意味で悲しい（辛い）気持ちになる」と伝えてみましょう。

🍀 勇気づけをする

　友達の自尊心を踏みにじる「勇気くじき」は，その子の勇気が不足している，と先に述べました。自分の勇気が不足している時，他人の勇気をくじきたくなります。そこで，様々な機会を捉えてその子どもの勇気づけを行います。バカにするのをやめるように伝えた後，行動に改善が見られた場合，すかさず「友達に嫌なことを言う回数が減ったので私は嬉しい」と伝えます。「えらいね」とは言わないのが，勇気づけの特徴です。

I(アイ)メッセージで心に伝える

CASE **2**

友達をしつこくイジる

....

教師が違和感を表明しましょう

....

ストレスサインの要因

 ### イジりはイジメ

　最近，テレビ番組を見ていると，大物の芸人さんが若手の芸人さんをからかったり，バカにしたり（以下，「イジる」）して笑いを起こす構成が多用されています。一方，イジられた芸人さんたちが，イジってくれた大物の方に感謝する光景を見て，私はとても違和感を覚えています。学校は，テレビやYouTube など各種メディアの影響を受けやすいので，他人をイジることによる笑いが慢性的に広がることで，子どもたちが人間の尊厳すら軽視してしまう可能性があるのではないか，と危惧しています。

 ### イジることによる錯覚

....

　交流分析理論では，身体的接触や言語的刺激を含む様々な形で，自分の存在を他者から認められたいという欲求を「ストローク」と定義しています。そのストロークには与えられて心地よい「肯定的ストローク」と，与えられて不快になる「否定的ストローク」があります。人間は基本的には肯定的ストロークを求めますが，何も得られない場合，否定的ストロークですら求めてしまいます。「嫌われるより，無関心が怖い」という心理です。

　友達をしつこくイジることで，何かを与えているような錯覚と，友達からイジられていることで，自分が認めてもらっているような錯覚とがそれぞれ組み合わさっている奇妙な構造が，「イジりーイジられ」にはあるのではないかと考えられます。

担任ができるメンタルケア

教師は一緒に笑わない

　集団の圧力は想像以上に大きいので，子どもの集団でも流れに逆らうには大きなエネルギーを必要とします。ある子をイジって，クラスの子どもたちがみんなで笑っていると，つられて教師も笑いたくなってしまいます。しかし，教師は子どもとは質的に異なる存在であるという，ある種の孤独感に耐える必要があります。教師自身が前述した「失愛恐怖（嫌われたくない症候群）」に苛まれていると，この状況に立ち向かえません。まずは，つられて笑わないことで，教師としての立ち位置を明確にすることから始めます。

違和感を表明する

　しつこいイジりというのは先に述べたように，メディアで垂れ流されている笑いの構造の典型としてその悪意が隠蔽されることがあります。しかし，メディアでなされることがすべて良いことであるわけがありません。「悪いけど，先生（私）は面白いとは思わない」と明確に宣言します。その理由を子どもの発達段階に合わせて説明します。「先生は冗談がわからないのか」と子どもから非難されることもあります。しかし，冗談でも見下されている友達を先生は見ていられない，と伝えましょう。誰も見捨てない，誰も傷つかない学級は，リーダーである教師の覚悟から始まると私は思うのです。

CASE 1

友達に対して上から物を言う

言葉遣いを整えてあげましょう

 ストレスサインの要因

 スクールカースト

　学校内における児童生徒内の人気度を，ヒンドゥー教の身分制度になぞらえて表現したものを「スクールカースト」と言います。コミュニケーション能力，運動能力や容姿，周りの空気を読む力などの高い子どもが上位になり，それらの力の低い子どもが下位に位置づけられるとされます。しかし，私はそのような上下関係をつくらないように腐心しました。クラスの子どもたちがお互いを尊重し，連帯するためには，上下関係があってはならないからです。カーストの下位とされる子どもの中にも，上位とされる子どもに上から物を言われたことを，「仕方がないことだ」「当然だ」と思っていたり，話しかけてくれたことだけで嬉しくなっていたりする実態もあるようです。

 「パワーゲーム」が問題を助長する

　友達に対して上から物を言う心理的な背景には，他人を支配する快楽が潜んでいます。この快楽を得るための試み（パワーゲーム）は嗜癖（悪い癖）や問題行動を助長します。例えば，自分が下に見ていた友達が，ピアノ伴奏の代表に選ばれたことについて，著しく嫉妬して攻撃したくなるような心理

です。「生き方の癖」という根の深い面もありますが，まずは友達を支配ではなくフラットな関係として捉えられるように整える必要があります。

担任ができるメンタルケア

言葉遣いを整える

　友達に対して上から物を言う子は，言葉が命令形であったり，語尾が強かったりします。背景には支配の心理が隠れていると先程述べましたが，アウトプットの言葉を整えることで，支配の心理にバグ（エラー）を起こすことができます。具体的には，「○○してくれる？」「○○と思うんだけど，あなたはどう思う？」など，相手を尊重した言葉遣いをスキルとして指導します。

　個人的に指導するよりも，「アサーション（自己表現）トレーニング」の一環として，学級活動で行うのがよいでしょう。

あるがままで良いと伝える

　友達を支配するパワーゲームは，エネルギーが要ります。しかし本人の自覚があまりなく，なぜかそのように振舞ってしまうのです。それは，その子が長女であったりして，家庭で長子として振舞うことを要請され，それが習慣になっている場合があるのです。家の外まで「お姉ちゃん」をしなくていいんだよ，と伝えてあげたいものです。

学校では
お姉ちゃんを
しなくても
大丈夫だよ

CASE **2**
友達ができていない点を
強く指摘する

強く指摘する子の辛さに
共感しましょう

ストレスサインの要因

シャドウ（影）という考え方

　日頃，学校や職場でイライラさせられる他人の行動というのがありませんか。ユング心理学では，そのような現象を「シャドウ（影）」という概念で説明しています。これが自分である，という意識の部分に対して，無意識に追いやられた自分の一部分を「シャドウ（影）」と言います。無意識に追いやる理由として，自分が認めたくない自分の嫌な面であったり，親がしつけとしてその子のダメな部分と価値づけしたりした部分であることが多いようです。そのような，自分が排除した自分の一部分を，目の前で見せつけられると，人間は怒りや嫌悪感を抱き，時として攻撃してしまうと説明されています。

その子も強く言われている

　そのようなシャドウの概念で考えてみると，友達のできていない部分を強く指摘する子どもは，その子自身もできていない部分を誰かに強く指摘されている可能性が考えられます。強く指摘しているのが親である場合と，その子自身である場合があります。指摘される友達も辛いですが，指摘している

子も辛い状況にいる子と言えます。どちらもストレスの高い状態ですから，早く手立てを講じる必要があります。

担任ができるメンタルケア

アドラー心理学に基づく「クラス会議」のルールを適用する

　「クラス会議」という手法があります。端的に言うと，学級会をアドラー心理学に基づく考え方で実践するものです。赤坂真二先生（上越教育大学大学院）の考えに基づいて私は実践しましたが，その話し合いのルールを普段の生活にも適用していました。そのルールは４つあります。①人の話をよく聞く，②人を傷つける言い方をしない，③人を責めない，④解決を目指す，です。友達を強く指摘するのは，ルールの②③に反するので，「解決を目指すために，提案するんだったね」と声をかけます。クラス会議を行わないまでも，このルールを学級の指針にするだけで，温かいクラスになります。

強く指摘する子の辛さに共感する

　友達を強く指摘して傷つけることは，クラス会議のルールで防げますが，強く指摘したくなってしまう子へのケアも同時に必要なことです。「○○さんに言う時の言い方が気になっているんだけど，何かあったのかな？」と聞いてみます。「何ですか？」と怒りを込めて聞き返してくることが考えられます。「何かとても怒っているみたいに見えたから，どうしたのかな，と心配になったんだよ」と答え，話してくれなくても深追いはしません。

　場合によっては，保護者に家での様子を尋ねて協力を求めます。しかし，保護者によっては余計に子どもを追い詰めることがあるので，自分自身で自分を追い詰めている子どもの場合のみ保護者に連絡した方が安全です。

CASE **1**

自分が嫌なことには取り組まない

....

動機付けの理論を活用しましょう

....

 ## ストレスサインの要因

 ### 回避は自然な行動である

　嫌なことは大人でも取り組みたくありません。私たちが嫌なことでもやるのは，必要感や使命感があるからです。取り組まない子を見たときに教師が問題だと感じたり，イライラしたりするのは，前述した「シャドウ（影）」の働きかもしれません。つまり，自分（教師）は頑張っているのに，頑張らない子どもは怠惰もしくは悪だ，という気持ちです。そのような教師自身の気持ちに気づくと，取り組まない子にも冷静に対応することができます。

　また，アドラー心理学でいわれる「課題の分離（誰の問題か？）」を頭に入れておきましょう。課題をやる必要があるのは子ども自身なのに，やらせたい教師の問題になっていないか，絶えず気を付けることが大事です。

 ### 動機付けの理論

....

　子どもたちが意欲的に取り組むためには，動機付けを効果的に行う必要があります。動機付けには，①快楽原則（楽しい・面白いからやろう）と，②現実原則（ためになるからやろう），の2つがあります。一般的には，学年が低いほど①の快楽原則を刺激する方が動機付けとして効果があり，学年が

上がるにしたがって，②の現実原則を刺激するのが有効であると言われています。子どもの実態によって，どちらの要素を強くするかを調節します。

　授業として素晴らしいのは，「面白くて，ためになる」授業です。

担任ができるメンタルケア

やりたくない状況を把握する

　「どうしたのかな？」と声をかけます。子どもは取り組まないことを責められていると思うので，おそらく何も答えません。本人の気持ちを，こちらから選択肢を提示して教えてもらいます。「わからなくなっちゃった？」「なんか集中できない？」それでも無言の場合があります。大事なのは「うまくやろうとするな。（子どもを）わかろうとせよ」という心持ちです。

動機付けにつながる支援をする

　活動が楽しくなるためには，やり方を教える必要があります。課題が本人の能力を大きく超える場合には，取り組まなければならない課題の数を絞ったり，課題自体をスモールステップ（小さく段階分け）にしたりします。そして何よりも，その子が目の前にある課題や活動へ取り組むことに，どのような意味や価値があるのかを伝えてあげることが大切です。それをやり遂げることで，その子自身がどう成長するのかも伝えてあげましょう。

CASE 2
自分がやりたくないことを先延ばしにする

どうなったらいい？と尋ねてみましょう

ストレスサインの要因

心のエネルギー

　先延ばし（procrastination）は回避行動の一種で，やらなければならないタスクに向き合わないように，別のタスクや娯楽を入れてしまう心の働きです。私はどういうわけか定期テストが近づくと部屋の片付けに取り組んでしまい，試験が終わってから片付ければよいのにも関わらず，せっせと机の上や本棚を片付け，挙句の果てには掃除機を丁寧にかけてしまうタイプでした。そのように，頭では「やらなくてはいけない」とわかっているのに，気持ちが向かないのが先延ばしの特徴です。こういう時，やらなくてはいけないことに向き合う心理的な負担に，自分自身が耐えられないように思えるほど，ポジティブな心のエネルギーが少なくなっているのです。

解決像を構築する

　ところが，心のエネルギーを備給すれば先延ばしが解決するわけではありません。逆に，課題が前に進んだり，完成したりした時に，心のエネルギーが増え，自己効力感や自尊感情が高まります。心のエネルギー減少という原因に働きかけるのではなく，「どうなりたいか」という解決像を構築してい

きます。しかし，気を付けなければならないのは，心のエネルギーが少なくなっている状態への共感がベースにないと，解決構築の過程が「やらされ感」に満ちてしまい，かえってメンタルを低下させてしまうのです。本人が１歩ずつ前に進むよう，教師が１歩後ろをついていくスタンスが重要です。

担任ができるメンタルケア

締切りの期日とスケジュールを示す

　課題の締切りを子どもに再度伝え，現時点から締切り日までのスケジュール（工程）を例示します。ただし，本人の負担が大きく，課題の遂行が困難である場合は，締切りを延ばしたり，課題自体の量を調整したりして，できるところまでで良いことにします。

どうなったらいい？と尋ねる

　課題が終わるという解決像をイメージさせるために，「どうなったらいいですか？」と質問をします。すると，「課題が終わる」とだけ答えると思います。そこですかさず，いつ終わるか？その時の周りの様子はどうか？終わった後はどんな気持ちになっているか？など，解決した時の姿をはっきりとイメージしてもらいます。そして，課題が終わる日，その前日…と遡って，今日はどうなったらいいかを尋ねて，スケジュールを設計していきます。

CASE **1**

必要な学用品を持ってこない

忘れないための作戦会議をしましょう

 ストレスサインの要因

 持ってこないことの意味を考える

　忘れ物をくり返す子どもは比較的限られていますが，最近忘れ物が増えている子や，忘れ物がクラス全体で増えている傾向というのがあります。多くの教師は学習規律の緩みをまず疑うと思います。しかし，その背景も含めて，学用品を持ってこないことが，子ども，あるいは子どもたちにとってどんな意味があるかを考えると状況を深く理解できます。

　また，「福祉的対応」という考えを前に述べましたが，忘れ物を繰り返すのが学年の低い子どもの場合，親からのケアが不足していることが考えられます。本人というよりも，原因が家庭環境の課題にある場合も多いです。

 疾病利得という考え方

　以前にも少し触れましたが，疾病利得という考え方があります。悪い状況を引き起こしているのは，その人にとって何らかの利益があるから，という考え方です。必要な学用品を持ってこないことで，①課題をやらなくても済む，②教師に怒られる（関わってもらえる），③反抗心を表明する（自己主張），などが考えられます。もちろん，疾病利得ではなく，家庭のケアの不

足，本人の生活習慣の乱れなどもあるので，あくまで「仮説」の域を出ません。その子に関する情報をいろいろ集めながら，本人の置かれている状況を総合的に理解する必要があります。

担任ができるメンタルケア

家庭環境に働きかける

　忘れ物の中でも，日常的に使うものを忘れる場合と，特別に用意するものを忘れる場合があります。特別に用意するものは手紙等で通知するので，家庭的なケアの不足が予想されます。日常的に使うものは本人の不注意などが考えられますが，ノートや鉛筆が必要になっても，親が知らない，子どもは伝えたけど親が忘れたなど，こちらもやはり家庭の影響が考えられます。子どもを責める前に，保護者に連絡して持ち物について協力を依頼します。

忘れないための方法を一緒に考える

　忘れる子ども自体を責めるのではなく，忘れてしまう行為を悪者にします。例えば「忘れ物撲滅委員会」を教師とその子で密かに結成し，できそうなことを試行錯誤します。その試行錯誤（作戦会議）自体が子どもへのケアになり，親の子どもへの関心の低さを補うことになるのです。

忘れない時には
どんなことを
しているのかな？

CASE **2**

宿題を忘れてくることが多い

休み時間を
フォローの時間にしましょう

  ## ストレスサインの要因

 ### 学校へ来るだけでも素晴らしい

　毎日子どもが学校に来るのが当たり前と教師は思いがちですが，これだけ学習する場所の選択肢が多い中，あるいは学校へ行かないという選択肢がある中，学校へ毎日来てくれるというのはありがたいのかも知れません。そういう視点をもちつつ，子どもの日々のありようを見ていくと，子どもの見方が変わったり，教師としてのあり方が変わったりするように思います。

 ### 現実原則を学ばせる

　宿題をやらない子は，家庭学習の習慣がない場合，学力が低くてできない場合，塾や習い事が忙しくて時間的あるいは体力的な余裕がない場合などがあります。子どもが宿題に取り組めないのはどういった事情があるのかを知ることは重要です。特に学力が低い子どもを個別に呼んで宿題をフォローアップする指導は不可欠です。しかし，どんな事情であれ教師は宿題を出した以上，子どもにしっかりやらせる必要があります。私の場合，忘れた子どもは休み時間にやってもらいました。出された宿題は必ずやるという現実原則を学ばせることは，子どもの心の安定につながります。

担任ができるメンタルケア

宿題をなるべく個別化する

　私の経験ですが，子どもの学力や放課後のスケジュールは，子どもによって様々なので，全員必須の復習の宿題と，「自主学習ノート」の２種類出していました。放課後が塾や習い事で忙しい子どもは，休み時間やテストが終わって時間があるときなどに宿題をやってよいことにしていました。「自主学習ノート」は１行日記でもよいし，本気の自由研究でもよいし，塾でやる問題集をやってもよく，自分の事情に合わせて取り組んでもらいました。

休み時間にフォローする

　宿題を忘れた子は「休み時間に外へ遊びに行かず，宿題に取り組む」というルールにしており，宿題が終わった時点から休み時間の開始と決めていました。一緒に遊びたい仲間がボールを持ちながら，傍らで応援したり，「家でやっておいでよ」と助言したりする微笑ましい光景が見られます。

　それと並行して，学力が低い子どもの個別指導をしていました。放課後に残すと下校時刻が遅くなって危険なうえ，６時間目の後は頭が疲れていて能率が良くないからです。業間休みか昼休みのどちらかに，フォローの時間を取ってあげるとよいでしょう。

CASE **1**

授業中に不規則な発言をする

成長を見守る体制をつくりましょう

ストレスサインの要因

思ったことがつい口から出てしまう

　他人とコミュニケーションを図るときの言葉を「外言」，自分の中で考えるときの言葉を「内言」と言います。学年が低いと内言を使うことが未熟なので，テストの問題文を声に出して読んでいる子がたまにいます。教師が「声に出さないで読みましょう」と指示をすると，書いてある文の意味がわからなくなってしまうことがあるようです。また，頭に浮かんだことを口に出さずには気が済まない子どもがいます。そのような子どもの発言を封じると，ストレスが溜まってしまうことがあります。しかし，不規則発言を野放しにすると，教師の話の腰が折れて他の子の集中力が切れてしまったり，不規則発言をする子の発話量だけが著しく増えて，周りの子どもの不公平感や不満につながったりするので，何らかの手を打つ必要があります。

本人は不規則な発言に気づいていない

　不規則発言には発達的・心理的な背景があり，本人としては不規則であることに気づいていない上に悪意はないのですが，集団生活においては先に述べたように周りが困った状況になります。そうはいっても，本人の成長次第

である面が大きいので，不規則発言に対して教師やその他の子が応答せず，優しく聞き流す体制をつくっていきます。ソーシャルスキルの低さから不規則発言につながる場合は，個別に，場に適した発言や行動を指導します。

担任ができるメンタルケア

優しく聞き流す体制をつくる

　授業中に不規則発言があると，ムキになって反論する子が出てきます。例えば「勉強なんて意味がないんだ」という不規則発言があると，「勉強しないといい高校に入れないんだってお母さんが言ってたよ」と応答する子どもがいるのです。そういう場合には，応答した子どもに声をかけて，笑顔で発言を制します。不規則発言には優しく聞き流すモデルを教師が示します。

個別で不規則発言について対応する

　全体を指導している時に教師が不規則発言を取り上げると，他の子からも不規則発言が出て収集がつかなくなります（不適切な行動に注目しすぎない）。そこで，授業が終わった後や放課後に，「さっき〇〇って言ってたけど，何か困ったことがあったのかな？」と尋ねます。全体を整えるために不規則発言は認めないけれども，言いたくなってしまったあなたの気持ちは大切にしますよ，という姿勢を示すことが大切です。

昨日の地震ってさぁ，震度3だったんだけど全然気づかなかったんだよね〜

CASE **2**

わざと間違えた答えを言う

場合によっては
複数の職員で対応しましょう

ストレスサインの要因

問題行動の4つの目的

　アドラー心理学によると，子どもの問題行動には4つの誤った目的があるといわれています。①不適切な注目を得る，②権力を握る，③復讐する，④無能力を装う，です。①「不適切な注目を得る」の目的は，自分の存在をアピールして，注目を得ようとしています。②「権力を握る」は，学級の中で自分自身の影響力を誇示する目的です。教師への反抗という行動で，友達や教師に自分の力を示し，学級に居場所をつくろうとしています。「③復讐する」は，権力を握ることに失敗した子どもが，教師に仕返しとして嫌がらせをしたり，無視をしたりする行動をとります。「④無能力を装う」は，様々な手を尽くして居場所をつくろうとしたもののことごとく失敗し，これ以上傷つかないために何もしないという目的です。

不適切な行動に注目しすぎない

　問題行動の4つの目的を踏まえて，不適切な行動に注目しすぎない，というのが鉄則です。他の子が頑張っているところに光を当てたり，問題とされる子が良い面を見せた時に評価したりして，強化していきます。

　しかし，不適切な行動を取る子どもと「直面」（confrontation）しなければいけない場面が出てきます。その時は集団の前で「直面」するのではなく，個別で話をするのが大事です。集団の前で「直面」をすると，お互いのプライドが邪魔をして，対話が単なる勝ち負けに矮小化してしまうからです。

担任ができるメンタルケア

十分に関係をつくる

　わざと間違えた答えを言うのは，注目を得る目的があると先程述べました。行動の不適切な度合いが高まるほど，教師との「綱引き」が起こるので，対象の子どもとの人間関係を十分につくっておく必要があります。そのためには，教師としての役割で関わるだけでなく，その子どもを大切に思う1人の大人として自分の心を開く（自己開示する）必要があります。

限度を超えた場合は1人で対応しない

　授業中にわざと間違えた答えを許容するのにも限度があります。他の子どもたちの授業が妨害される場合には，相応の対応が必要になります。ある程度の回数が来たら事前にその後の対応について本人に伝えます。また，他の職員や管理職に協力を求めて対応するのも有効です。担任が1人で抱え込んで，綱引きをすることは子どもにとっても教師にとっても不幸なことです。

CASE 1

公共の物や道具を乱暴に扱う

ストレスかスキル不足かを見極めましょう

ストレスサインの要因

 ### ドキッとするのは私だけ？

　給食の片付けのとき，皿をガチャン！と音を立てて重ねる子どもが結構います。私はすごくドキッとするので，「割れると困りますから静かに重ねましょう」と声をかけます。他にも，返却するプリントやノートをひったくるように受け取る子どもがいます。私はやはりドキッとするので，もう一度プリントなどを出してもらって，返却の動作をやり直してもらいます。

 ### しつけの面もある

　乱暴に道具を扱うというのは，感情的に荒れている場合もありますが，普段から道具の扱いが良くない子の方が圧倒的に多いように思います。「そっと置く」とか，「丁寧に扱う」などといったしつけ（スキル）が身についていないことが考えられるので，繰り返し指導していきます。行動によって人間性を評価されてしまうことが多いですから，子どもが損をしないように整えていくのは教師の大切な仕事の1つだと私は思います。また，道具を丁寧に扱える子が増えると，学級の雰囲気が穏やかになりますし，発達障害の傾向があって聴覚過敏の子の環境調整にもつながります。

担任ができるメンタルケア

自覚があるか尋ねてみる

　「何か道具の扱い方が乱暴な感じがするんだけど，最近，イライラしてるの？」と尋ねてみましょう。「実は…」と話してきたら，共感的に聞いてあげます。「別に普通です」と答えてきた場合は，「今は話したくない」という場合と，先程述べた「スキル不足」の場合があるので，どちらかわからない時は，「今は話したくない」を想定して対応する方が無難です。「そうか，実はあなたの道具の扱い方が荒いように感じたから，何かあったのかなぁって気になったんだよ。何もないならいいんだけど，先生，ドキッとしちゃうから道具を丁寧に扱ってくれるかなぁ」のように伝えます。

その場でやり直しをする

　先程述べたように，自覚がなく道具を乱暴に扱っている場合には，その場で望ましいやり方に修正します。身に付くまで何度でも繰り返します。大切なのは，なぜそうしなければいけないのか，本人にわかるように説明することです。経験的に，物を丁寧に扱えるようになると，人に対しても丁寧に関われるようになることが多いように思います。

CASE 2

自分の物を大切にしない

「思い入れ」の変化を見つけましょう

ストレスサインの要因

「落とし物箱」はつくらない方がいい

教室に落とし物箱を置いたら，あらゆる物でいっぱいになりました。鉛筆と消しゴムを始め，定規，糊，髪のピン，折り紙，磁石，キャップ，お守り…。そもそも本人に落とした自覚がないので，落とし物箱をつくっても探しに来ることはほとんどなく，定期的に「お披露目会」を行っても，持ち主はそれほど見つかりません。友達が「これ，○○ちゃんのじゃない？」と気づいても，本人は「違う」と言い張る始末。落としてから時間が経てば経つほど，持ち主の元へ戻ることは難しくなります。ですから，落とし物箱は廃止して，落とし物は教卓へ載せてその日のうちに確認することにしました。

思い入れの度合い

自分の物を大切にしないのは，自分の物だからどう使おうと勝手という考えと，逆に自分のだから大切に使うという考えが混在しています。つまり，すべての物を大切にしないのではなく，自分が思い入れのない物に対しては大切にしない，ということです。だから，その子が何を大切にして，何を大切にしないかを知ることは，その子をよく知るための手掛かりになります。

担任ができるメンタルケア

 ### 大切にしなくなった物に気づく

　以前は大切にしていたのに，急に大切にしなくなったという変化は，先程述べた「思い入れ」の変化です。シューズのしまい方，ユニフォームの畳み方など，変化が見られたらすかさず声をかけます。声をかけるときのポイントは，オープンクエスチョンでかつ，深追いをしないことです。「最近，バスケの方はどうですか？」のように，変化が見られた物と関係があることをそれとなく質問してみます。「別に，普通です」と答えたら，「そうですか。先生は応援しているよ」と言葉を添えて終わりにします。

 ### 大切に使わせるための工夫をする

　先に述べたように，大切に使うか使わないかは，本人の物に対する思い入れ次第ですが，逆に大切に使わせることで思い入れをもたせることができます。例えば，よく物を落とす場合には，持ち物の記名を徹底します。保護者に依頼しても期待できない場合は，保護者の了解を取って持ち物に記名をします。また，机間指導の際に，落ちている物は必ず拾って持ち主に渡します。使い方については，「何かその使い方だと筆箱がかわいそうだね」のように，物を擬人化して大切に使わせるように指導していきます。

CASE **1**

友達の話題に合わせて話せない

グループ全体に働きかけましょう

ストレスサインの要因

家庭における価値観

　子どもの価値観は家庭によって培われるので，年齢が低い場合は特に，その家庭の価値観と他の家庭の価値観の相違が子どものコミュニケーションに大きな影響を与えます。例えば，最近，テレビを見ない家が増えてきましたが，そういう家の子どもはテレビの話題についていけませんし，「漫画を見るとバカになる」という価値観の家では，流行っている漫画の話についていくことができなくなります。

家の価値観を是とするか，非とするか

　そのような家庭の価値観を子どもがどう受け止めて友達と接するかが，子どもの不適応に関わってきます。「自分はその話題を知らないけど何とも思わない」という子と，「自分はみんなから取り残されている」と考える子に分かれます。後者の場合，学年が低いと，自分がわかる話題に変えるよう友達に求めたりしますが，多くの場合，帰宅してから親に苦情を述べたりします。必ずしも他の家庭が正しく，自分の家庭が間違っているわけではありませんが，子どもがどこの家も同じと思っていたことにズレが生じるので，そ

こから反抗期が始まったりすることがあります。

担任ができるメンタルケア

友達と話題が合わないことをどう捉えているか確かめる

　友達の話題に合わせて話せていないことに対して，本人がどう感じているかを尋ねてみましょう。「グループの話に参加できてる？何かわかんないなぁって思うことない？」と聞きます。「わかる時と，わかんない時があるけど，まぁ，今のところ大丈夫です」という時と，「全然わからないので，参加できてないし，つまんないです」などと答える場合があります。

グループに働きかけて配慮を促す

　あるゲームが流行ったり，アニメが流行ったり，ドラマが流行ったりすると，その話題を共有できる子とできない子で分断が起きます。もちろん，それらの話題を共有できる子同士で集うことに何も問題はありません。しかし，学級の班で会話をするなど，公的な要素がある場合には，誰もがわかる話題で話す必要があります。教師は子どものやり取りを聞きながら，ポツンと1人ぼっちで会話に参加できていない子を見つけたら，「その話題も面白いけど，みんなが参加できる話題がいいんじゃないかな」とグループに働きかけて，孤独感を感じる子が出ないように配慮をしていくことが重要です。

CASE 2

周りの空気を読むことができない

状況を説明してあげましょう

ストレスサインの要因

サリーとアンの課題

　幼い子どもは空気を読めません。見たまま思ったまま，発言し，行動します。ここで「サリーとアンの課題」という有名な実験を紹介しましょう。サリーとアンがビー玉で遊んでいます。サリーが自分のかごにビー玉をしまって部屋を出ます。サリーが部屋を出た後，アンがサリーのかごから自分のかごにビー玉を移します。そこへサリーが戻ってきました。さて，サリーはビー玉をどちらのかごから取り出そうとするでしょうか？　という課題です。

心の理論

　この「サリーとアンの課題」を子どもたちに出すと，4歳以下の子どもと自閉症の子どもの8割が「アンの箱！」と答えたとされています。つまり，自分が見たものと，サリーが思っていることとの違いを認識できないのです。もちろん，それぞれの子どもは発達によって，相手にも心があることを理解していきますが，特性的に年齢を重ねても理解できない場合や，わかっていても自己中心性の強さを弱められずに，周りと不適応を起こす場合が少なからずあります。

担任ができるメンタルケア

状況を解説する

　空気を読めない子は，自分の言動が相手や周りにどう受け取られるか，どういう影響があるかを理解できていないことが多いです。相手から文句を言われても，どこに問題があるのかとか，どういう点を指摘されているかが理解できず，不当な中傷やでっち上げだと思って，それに対する反撃に終始することがあります。感情的に落ち着いた状態になっていることを確認したうえで，その子の言動が相手にどう理解されているか，どう受け取られたかを教師が解説します。多くの場合，「僕はそういうつもりじゃない！」と自分の正しさを主張します。教師は，本人の意図に十分理解を示したうえで，残念ながら相手には意図した通りには伝わっていないことを説明します。

振舞い方をスキルとして教える

　上のような「解説」をすると，2つのタイプの反応があります。1つは状況を理解して，その後が怖くなってしまうタイプです。もう1つは，まったく状況を理解できず，世の不条理に怒りを抱くタイプです。いずれの場合も，次回，同じような状況になった時に，どのように振舞うのが無難なのかスキル学習をしてあげましょう。特に，後者のタイプの子については，無難な振舞い方を身に付けさせてトラブルを減らした方が，学校における QOL が格段に高くなります。また，成長と共に以前の自分の振舞い方がいかに損をしていたか，を理解できようになることがあります。空気を読めない子はその振舞い方による他者からの評価によって，自尊感情を下げることが多いですから，その部分を改善する必要があるのです。

CASE **1**

教室からなかなか退出しない

雑談に応じて
話を聞く姿勢を示しましょう

 ストレスサインの要因

 最終下校時刻が迫っているのに…

　帰りの会が終わって挨拶も済んだのに，いつまでも教室に残っている子どもがいます。頼まれもしないのに日直に混ざって黒板をきれいにしていたり，教室を掃いている教師に手伝いを申し出たりします。教師としては，子どもたちを早く下校させて次の仕事に移りたいのに，どういう訳だか帰らないのです。聞いてみると，習い事があってあまりゆっくりしていられないというのです。だったら，早く帰ればいいじゃない，と言うのですが，何だか教室で無駄な時間を楽しんでいるようにすら思えます。

 時間の構造化

　交流分析理論では，時間の過ごし方によるストローク（お互いの存在を承認するやりとり）の密度を「時間の構造化」として6つに分類しています。「①引きこもり」「②儀式」「③活動」「④雑談」「⑤ゲーム」「⑥親交」です。③「活動」は子どもにとって学習や習い事に相当しますが，こればかりでは息が詰まります。④の「雑談」は他愛のない会話や大して意味のない関わりですが，ストレスの解消につながります。放課後の教室における友達や教師

との他愛のない会話で，ストレスを解消している子どもがいるのです。

担任ができるメンタルケア

時間が許す限り雑談に応じる

　会議や仕事がある場合は仕方がありませんが，可能な限り雑談に応じてあげましょう。先程の交流分析理論にあるとおり，教師や教室に残っている子どもとの会話がその子のストレス解消になっている可能性があります。ただし，放課後が忙しくて本当は教師と雑談をしたくてもできない子にとっては不満や不公平感が募るので，「教育相談週間」のようなものを設けて，教師と全員が１対１で会話できる機会をもてるようにしましょう。

教室にいたい理由に切り込んでみる

　いつまでも教室にいるということが，家に帰りたくないことの裏返しになっている可能性があります。いつも支度が遅くて教室が出るのが遅い子と，何だかここ最近，教室に残っているようになった子がいます。「ここ最近」の子には何かが起こっている可能性があるので，その理由に切り込んでみるとよいでしょう。「ここのところ教室に残ってるけど，何かあった？」と聞きます。「特にないです」と言われたら，「先生でよかったらいつでもお話を聞くからね」と答えて，原則，それ以上は深追いしません。

CASE 2

昇降口や校門にいつまでもいてしまう

グループの人間関係を注視しましょう

 ストレスサインの要因

 ### 下校時刻が過ぎても…

　先程の教室から退出しない子どもとは違い，教室から出た昇降口や校門，あるいは下校途中の街角で集まって帰らない子どもたちがいます。下校時刻をとっくに過ぎていることが多いので，「早く帰りなさい！」と声をかけるのですが，その塊が少し学校から遠ざかるものの，依然として留まっている光景をよく目にします。

 ### チャム・グループ

　チャム（chum）は1953年にアメリカの精神科医サリヴァンが提唱した，思春期の子どもたち同士の関係を表す概念です。この時期の子どもたちは趣味や好きなもので結ばれ，お互いの共通点や類似性を言葉で確かめあう仲良しグループを形成します。それは，親から自立する不安を抱えた子どもたちが，その不安ゆえにつながりを求めて形成しているグループといえます。親（大人）からの自立がテーマになっているので，集まっている場所が教室ではなく，昇降口や校門なのです。とはいえ，学校から遠く離れた場所ではなく，それぞれの家と学校との中間である点も象徴的だといえます。

担任ができるメンタルケア

枠を守らせる

　チャムといった思春期の子どもたちの特性を理解しつつも，下校時刻や通学路を通って帰宅するなどという枠をしっかり守らせることが大切です。思春期においては，自立に伴って校則などの枠をはみ出そうと試みます。子どもたちの発達に伴う事情を考慮しながらも，枠を守らせる必要があります。教師がしっかりとした枠になることで，子どもたちは現実原則を学んでいきます。その枠が脆いと，子どもたちは自立していけないのです。具体的には，説得的な関わりで，子どもたちにあるべき姿を示していきます。

グループの人間関係を注視する

　昇降口や校門で集まっている子どもたちのメンバーに注目します。子どもたちは自立への不安でつながっていますが，その程度は意外とバラバラです。また，好きなものについても，それぞれの好きの度合いは微妙に異なるので，メンバーは無理をしてグループに合わせていることがあります。しかし，メンバーはそのグループへの忠誠度を絶えず検証され，少しでも「異変」があると断罪されたり，排除されたりします。チャム・グループは，そのグループの中にしか自分の居場所がないと思い込まされることが多いのが特徴で，グループ内の同調圧力が強く，順番にいじめの標的が回っていることがあります。グループの中でどんなことが起きているのか，誰が辛い思いをしているのかなど，何らかの形で情報を得る手段をもっておく必要があります。私は子どもの日記や専科教員，部活の顧問，養護教諭，情報通の子ども（笑）から，人間関係の情報を得て，気になる場合は声をかけていました。

CASE **1**

壁にあるスイッチを押し込んで壊す

....

見つけ次第すぐに修理しましょう

....

 ## ストレスサインの要因

 ### 押しにくいスイッチ

　かつて生徒指導が大変だった中学校の校長先生が講演の中で，「押し込まれたスイッチを何個直したことか」とお話しされていました。それまで，壁に埋め込まれた電気のスイッチを押し込むという行為が，器物破損の入口であることを知らなかった若かりし日の私は，驚きをもって受けとめていました。ふり返ってみると，今までの学校で確かに押しにくいスイッチがありました。「ああ，あれは器物破損だったんだ」と改めて気づいたのでした。

 ### 器物破損の意味

....
　器物破損は反社会的行為であり，絶対に見逃してはいけません。一般的に器物破損などの攻撃性を発露する子どもは，自分自身に対する否定的なイメージが強く，ストレスの蓄積から衝動的に行動を起こしてしまうとされています。しかし，スイッチを押し込む行為はいつの間にか行われていることが多く，誰が行ったのか特定できないことが多いです。つまり，やり場のない怒りやむしゃくしゃした気持ちをもっているものの，身元を明らかにして表現する程の強さがありません。誰がやったかわからないような，匿名の破壊

行為を行うことで，学校や教師にささやかな復讐を試みているのです。しかし，ごくまれに他の子どもから目撃情報が入ったり，教師の目の前で「ふざけ」を装って実行したりすることがあります。そのような場合は教師が子どもと一緒に修理したり，後始末をしたりすることが重要な意味をもちます。

担任ができるメンタルケア

すぐに修理する

スイッチを押し込んだ子どもが特定できない場合は，見つけ次第すぐに修理します。「割れ窓理論」のように，放置しておくと他のスイッチまで壊される可能性があります。また，スイッチを破損した子どもは自分の行為を見つけてほしいという，歪んだ承認欲求があります。すぐに修理をすることは，「行った行為は絶対に許さないけれども，行った子ども自体は受容する」というメッセージになります。

一緒に修理しながら気持ちを聞く

破壊行為を行った子どもが特定できる場合は，教師と一緒に修理をします。「どんな気持ちでやったのか？」「やってみてどうだった？」などと気持ちを聞きながら，ともに作業をすると反省を促しやすくなります。行った行為の責任を自分で取らせる指導を必ず行う必要があります。

CASE **2**

怒ってドアや壁を蹴る

破壊行為を見つけた場合は
すぐに止めましょう

 ストレスサインの要因

 強さの表現とカタルシス

　かつて流行った格闘ゲームのボーナスステージで，車を破壊するというのがありました。なぜ車を破壊するのかよくわかりませんが，自らの強さを誇示するのに車を破壊するという表現が最適だったのでしょう。その後のシリーズでもボーナスステージとして「車破壊」は採用されていました。また，その車を完全に破壊するとオイルや水が吹いてくるのですが，妙な達成感やカタルシスみたいなものまで感じてくるから不思議です。

 物にあたると攻撃性が増す？

　では，ドアや壁を蹴るというのは，子どもの怒りの１つの表現であり，ストレス解消の一助となるのでしょうか。ドアや壁が生徒指導的に問題なのであって，他の物を蹴らせればよいのでしょうか。

　答えは×です。そのように怒りを物にあたることで表現させると，かえってその子どもの攻撃性が増してしまうという研究結果があります。また，壁に埋め込まれたスイッチを密かに押し込む器物破損とは違い，壁やドアを蹴ることで自分の力を誇示しようとしている点も特徴的です。非行や反社会的

な問題行動への対応の原則「きみの気持ちはわかるが，やったことは絶対に許さない」で子どもに寄り添い，行為の背景や経緯を丁寧に聞いていきます。

担任ができるメンタルケア

 ### 破壊行為を見つけたらすぐに止める

　先程も述べたように，物にあたる行為はその子の攻撃性を増すことにつながりますし，何よりも他の子が恐怖を感じてしまいます。ドアや壁を蹴っているのを見つけたら，すぐに止めます。その時に，「何やってるんだ！（怒）」と声をかけると子どもの感情の火に油を注ぐことになるので，「あらららどうした〜？」「おいおい，何があったんだぁ〜？」などと，少し抜けたような感じの声かけがおすすめです。

 ### 気持ちを受けとめてから指導する

　「きみの中で何か許せないものがあったんだな。そうか，そうか，そんなに腹が立ったのか」などと気持ちを受けとめます。ドアを蹴ると大きな音が出るので，他の子どもたちが野次馬のように集まって来ることがあります。ひとまず静かな部屋へ一緒に移動します。1人で対応せず，学年の職員などの応援を受けて複数で対応します。落ち着いてきたら，経緯や背景を確認するとともに，自分がしたことやその責任の取り方について話していきます。

物にあたると逆に攻撃性が増す

CASE 1

よく爪を噛んでいる

噛むとどんな感じになるのか
尋ねてみましょう

  ストレスサインの要因

爪を切ったことがないきょうだい

　私が小さいころ，知り合いのおばさんが「うちの子たちは爪を噛む癖があって，爪を切ったことがないの」。確かに2人を見ていると，ちょっとした合間に，ポリ，ポリ，と爪を噛んでいました。衛生的に見ても問題だし，爪を噛んでいる時の様子もどことなく見た目が良くないので，保護者からすると最もやめさせたい癖の1つといえるでしょう。

原因は1つではない

　原因としてよく言われるのが，ストレスや愛情不足です。保護者に「爪噛みが見られるので，お子さんは寂しいのだと思います。もっとかまってあげてください」というアドバイスをする教師や保育士さんがたまにいます。

　もちろん，ストレスや愛情不足が原因の場合もありますが，絶対に「爪噛みがある＝ストレス，愛情不足」というわけではありません。もしそうだったとしても，今述べたような保護者への助言は「あなたの子育ては間違っています」という印象で伝わる可能性があるので，おすすめできません。

　原因としては，ストレス，愛情不足，単なる癖，唇に刺激を与えたい，な

どが考えられますが，どれかは特定しにくいですし，複合的な場合もあります。以前に述べたように，教師が仮説を立てて観察を継続することが大事です。しかし，原因が特定できたとしても，解決に結びつくとは限らないので，少しでも改善が見られた時には何があるのか，解決のヒントを見つける「解決志向アプローチ」で対応しましょう。

担任ができるメンタルケア

爪を噛んでいる自覚があるか確認する

爪を噛んでいる様子が見られたら，その子どもを呼んで「爪を噛んでいるように見えたんだけど…」と尋ねます。「あ…」と言って恥ずかしそうな顔をする場合が多いです。この反応の時は無意識にやっていた場合と，自覚はあるけれど爪噛みを親から注意されたことがある場合が考えられます。対応としては，噛んでいる時にそっと声をかける，授業中の場合はその子どもの目を見て，教師が無言で軽く首を左右に振ると，自分が爪噛みをしていたことに気づきます。

どんな感じになるのかを聞く

爪を噛む子に「爪を噛むとどんな感じ？」と聞くと，「おいしいんだよ！」という子が過去に何人かいました。中には「落ち着く！」という子もいました。子どもたちの気持ちを受けとめながら，衛生的なリスクを伝えます。爪噛みは自傷行為につながる場合もあるので，爪噛み以外の害のない感情を表現する方法を一緒に見つけていきたいものです。そのためにも，当然爪を噛むであろうシチュエーションの時に噛まずにいられた時を見つけ，その時に何があったのかを十分に観察して解決のヒントを見つけましょう。

CASE **2**

チック症状がある

優しくスルーする環境をつくりましょう

ストレスサインの要因

チックにはいろいろな形がある

　「チック」とは，本人の意思とは関係なく，体の一部分などが勝手に動いてしまう「運動チック」と，不規則に声が出てしまう「音声チック」の2つがあります。また，チックが続いている期間により，①暫定的チック（1年未満），②持続性チックがあり，運動チックと音声チックの両方が1年以上続く③トゥレット症候群があります。チック症状を本人の努力で抑えることはほぼ不可能です。大抵のチックは自然に消失するので，友達や教師がチックについての理解があり，かつ，本人が生活していく上で支障がなければそのまま見守りますが，そうでない場合は医療機関につなぎます。

チックの治療と環境調整

　チックの治療には，①認知行動療法，②薬物療法，が推奨されます。私たち教師にできることは，①本人の緊張状態を和らげること，②症状が激しい場合には，周りの子どもたちにチックについて理解させること，の2つです。先程も述べたように，チックは本人の意思とは全く関係なく，止めることができません。わざとやっているわけではないのです。その点を周りの子ども

たちに理解してもらい，「優しくスルー」する環境をつくります。チックの症状を本人に指摘するとかえって症状が悪化すると言われているので，「優しくスルー」がデフォルトなのです。また，本人がチックを気にしていたら，共感的に話を聞いたり，支持的に言葉をかけたりします。

担任ができるメンタルケア

周りの子どもたちに理解を促す

　本人のチックが，周りの子どもたちに気づかれない程度の症状であれば何もしませんが，音声チックの場合，そのことを責める子どもがいます。保護者に了解を取った上で，できれば本人だけがいないところで，わざとやっているわけではないこと，優しくスルーする必要性を子どもたちに伝えます。

解決志向で「例外」を探す

　爪噛みの時と同じく，チックが当然起きそうな状況なのに起こらない時はいつなのかという「例外」を見つけます。チックは寝ている時には起こらないので，何らかの緊張状態がチックを引き起こすと考えられています。「例外」を生み出す状況を意図的に繰り返すことができれば，チックの頻度を減らせる可能性があります。大抵のチックは自然に消失するので，教師が気にしすぎないことも重要です。

チックはリラックスしている時にも出やすいので，保護者から相談を受けることがある

CASE **1**

他の友達と関わりをもたない

関わりをもたない意図を確認しましょう

ストレスサインの要因

孤独力!?

　以前の「『友達と協力できない子ども』のメンタルケア」で述べたことと矛盾するように思えますが，自分を守るために他者と関わりをもたないことが必要な場合があります。『友だち地獄』（土井隆義著）という本があります。お互いの差異を可能な限り消し合った「優しい関係」という息苦しい世界から，自分を守るために適度に距離を取る力は，生きる上で大事なスキルともいえます。「一人ぼっちでは生きていけない」という思い込みが，本当の自分を隠して周りに過剰適応する生きづらさにつながることがあります。

本人の納得感

　他の友達と関わらないのが，「積極的な孤独」か「消極的な孤独」か，を確認することが大事です。①本当は友達と関わりをもちたいのにそれが叶わない，②自分と合う人がいないから関わらない，③そもそも他人と関わることに何の期待もしていない，のいずれかによって，本人のストレスの質は違います。また，友達から「あの子一人ぼっちだね」と見られるのが怖い，という思春期以降の子どもは少なからずおり，それが不登校の原因になったり

します。友達と関わりをもたないこと自体ではなく，関わりをもたない自分が周りからどう思われているかに苦しんでいるようです。さらに，思春期以降の子どもの中には，「自分の顔が醜くて周りに迷惑をかけるから近づかない」といった醜形恐怖や，「自分から嫌な臭いが出るのでみんなが嫌っている」という自己臭恐怖といった神経症や精神病の症状を起こしている場合があるので，早めに気づいて医療機関につなげることも教師の大事な役割です。

担任ができるメンタルケア

 ### 「積極的な孤独」か「消極的な孤独」か確認する

　休み時間に1人で絵を描いている，または本を読んでいる子どもに軽く声をかけます。「このキャラクター，何だっけ？」「この本，面白い？」「みんなと遊ぶのはあんまり好きじゃないのかな？」などと声をかけます。

　友達との関係というデリケートな点に触れるので，その子どもとの関係ができているかどうかによって，質問の深さを調節する必要があります。

 ### 教師がよき理解者になる

　本人が友達と関わりたくなった場合や，自分の気持ちを話したくなった時に，相談しやすい関係をつくっていきましょう。そのためには，以前述べた細かい声かけを繰り返したり，視線を合わせたりして，教師がその子を大事に思う気持ちを伝える「種まき」を続けていくことです。

　関わりをもたないことが，積極的であろうと消極的であろうと，人間の根底には承認欲求（認められたい，大事にされたい）がありますから，メンタルは下がります。最終的には友達とつながるようにもっていきますが，状況が良くなるまでは，教師がよき理解者として支えていく必要があります。

CASE **2**

仲間に入れてもらえない

可能ならば
「折り合い」をつけてあげましょう

ストレスサインの要因

低学年でよくある相談

　遊びに入れてくれない，という子どもからの訴えをよく聞きます。相手に理由を聞くと，「ルールを守らない」「特定の子だけをねらう」などそれなりに理由がある場合があります。そのような集団遊びでの仲間外しは，本人に理由を説明して問題点を改善するように指導し，他の子にも再度仲間に入れるように声をかけます。一方，「一緒に本を読む・絵を描く・オルガンを弾く」という小集団での遊びになると，個人の性格や感覚，嗜好などが他の子と合うかどうかという問題になるので，解決が難しいテーマになります。

折り合い（マッチング）という考え方

　低学年だけでなく，高学年や中学生でも，周りと「合う・合わない」という問題から仲間に入れない子どもがいます。授業や係活動，委員会，部活動などの公的な活動では，合うかどうかに関係なく一緒に活動させますが，休み時間や放課後は私的な部分が強いので，いじめなどの問題が発生していない限りは教師が介入しにくい場面です。

　仲間に入れてもらえない原因を本人の問題や他の子の問題と捉えるのでは

なく，「折り合い（マッチング）」がうまくいっていない，という考え方があります。自分が合わせるか，他の子が合わせるか，そもそも合わせる努力をする価値のある人間関係なのかを一緒に考えてあげましょう。

担任ができるメンタルケア

本人と他の子の願いを調整する

　本人がどうなりたいのか，他の子がどうしたいのかを聞き，落としどころを見つけます。本人が相手の子たちとの話し合いを望んでいない場合があるので，本人の願いだけを聞く場合もあります。本人の認識の仕方によっては，「仲間に入れてくれない＝いじめ」と訴えてくる場合があります。現在の法律ではいじめかどうかの判断は本人次第なので，本人が「いじめは解決した」と実感できるように丁寧に話を聞いて対応しましょう。

違う選択肢を提示する

　先程，折り合い（マッチング）について述べましたが，「仲間に入れてもらえない」の「仲間」の対象や範囲が限られている場合があります。「仲間」は他にもあるのではないか，その「仲間」にこだわる必要が本当にあるのかを話し合います。それでも相手にこだわることが多いので，相手に悪意がない場合は，思いが叶わないもどかしさを一緒に共感してあげましょう。

CASE 1

友達を責めるときに手が出る

まずは気持ちを聞いてあげましょう

ストレスサインの要因

叩かれて育った子

病院の待合室などで，いたずらをした幼児を少し年長の兄弟が叩いて「だめでしょ！」と言っている光景を目にしたことがありませんか。小学校の低学年でも，自分が正しいと思っていて相手がその指示に従わない場合，手が出てしまう子がたまにいます。言うことを聞かせるためには，「わからなかったら叩く」「むしろ，叩いた方が良い」という誤学習をしているかのようです。一概には言えませんが，その子自身が叩かれて育っている場合があり，幼い子どもほど自分の家の価値観を信じて疑わないので，叩くことの問題点を理解しないことがあります。

暴力をコミュニケーションの1つにさせない

暴力を使うと手っ取り早く相手に言うことを聞かせることができます。ですから，親が我が子に行使しがちになるのです。また，暴力を受けて育った子は，暴力をコミュニケーション方法の1つに加えてしまう傾向があります。それゆえ，相手にわかってもらうために言葉を尽くしたり，相手の事情を理解したり，待ってあげたりする努力をせずに，いとも簡単に暴力に訴えて自

分の思いを実現させようとするのです。自分が正しくて相手が間違っていると認識している状況では，暴力を行使するハードルが低くなりがちになるので，言っていることや考えは正しいが，それを伝える方法が間違っているというように理解させる必要があります。

担任ができるメンタルケア

手を出してしまった気持ちを聞く

　手を出すことは絶対に肯定しませんが，そこから指導に入ると本人は気持ちまで否定されたように受け取って指導を受け入れなくなってしまいます。

　ですから，まずは手を出したくなってしまった本人の気持ちを十分に受けとめてあげましょう。その上で，暴力を行使することについて指導します。

暴力以外の手段を提案する

　暴力は一時的に相手を従わせることができますが，持続するものではないので，暴力の程度はエスカレートしていきます。暴力で相手を支配できるのは，恐怖によってその人の正常な判断力や心を破壊しているからです。暴力を使った解決は偽解決（ニセの解決）なのです。そのことを発達段階に合わせて説明し，暴力ではない伝え方や，説得の仕方，あるいは相手の状況を斟酌して自分の方が譲ってあげる寛容さを，本人に指導してあげましょう。

叩かれて育った子は，手を頭に近づけると避ける

CASE **2**

理由もなく手が出る

衝動性を
10段階でスケーリングしましょう

ストレスサインの要因

 動機が見えない問題行動

　現場で対応していて難しいのは，経緯や理由が不明な問題行動です。友達の顔を殴ったという事案が起きたとき，「相手の子が気に障るような言葉を言ったから」という理由があれば，指導する私たちも殴った動機を理解することができます。しかし，なぜそうなったのかが，今ひとつわからない出来事というのが現場には存在します。ひょっとすると，本人自身もどうしてそのような行動を取ったのか，わかっていない場合もあるのです。

 衝動をどのようにコントロールするか

　怒りの衝動をコントロールする「アンガーマネジメント」という技法が有名ですが，これは本人に衝動的な怒りが湧いてくる自覚があり，そのことを何とかしたいという認識が必要です。怒りが湧いてくる自分を客観的に認識できず，衝動性に任せて問題行動を起こすタイプの子どもは，まずは状態の安定を図ります。そのためには，手が出そうな様子が見られた時，その場から連れ出してすぐにクールダウンをさせます。できれば，クールダウンの場所やクールダウンする時間を決めておくとよいでしょう。理由がなく手が出

た場合の本人の怒りの量を10段階で教えてもらい（スケーリング），怒りがいくつになったら冷静になれるのかも聞いてみましょう。また，理由もなく手が出る状態が週2回以上で3ヶ月間に渡って起こっている場合，環境調整を行っても改善しない場合は，外部機関につなげていく必要があります。

担任ができるメンタルケア

 ## 本人と周りの子の安全を確保する

　自傷他害が及ばないように他の子どもとの間隔を取ったり，障害物を移動したりして安全を確保します。その上で，感情が収まるようにクールダウンさせます。担任だけで対応するのではなく，他の職員にも応援を求めます。

 ## 衝動が起こる傾向をつかむ

　手を出す明確な理由はないにせよ，どういう時に手が出るのかの傾向があります。その情報に基づき，環境を調整します。手を出しそうな雰囲気になったら直ぐにその場から連れ出し，怒りの度合いを10段階でスケーリングします。その怒りがいくつになれば大丈夫か，同じような状況になっても，大丈夫な数値のままでいられるために（怒らないでいられるために）何ができそうかなど，実態に応じて徐々にアンガーマネジメントへつなげていきます。傾向をつかむためにも，しっかりと記録を残しておくとよいでしょう。

CASE 1

話を盛って大げさに話す

話す目的に注目しましょう

  ストレスサインの要因

自分自身が好きではない子

　釣りに行った子が釣った魚の大きさを両手で示している脇で，「僕なんかこ〜んなに大きいのを釣ったんだ」と言って，最初の子よりも釣った魚を大きく示すというやりとりはよくある話です。「すごいね！」という承認を求めるあまり，他人のマウントを取りたがる子どもが（大人も）います。多くの場合，自分で自分を承認できていなかったり，コンプレックスが強かったりする，「自分自身が好きではない子」にそのような傾向があります。

無条件の肯定

　「自分自身が好きではない」に違和感を覚えた方がいると思います。うそか本当かわからない話をひけらかして，自分自身が好きなように見える時があるからです。しかし，「〇〇だから自分はすごい」という状態にしようとする人間は，「〇〇だから」を外した「自分は（そのままで）すごい」を受け入れる自己肯定感が低いのです。実際にその傾向をバネに，他人から評価される業績や資格を得る大人もいます。しかし，子どもの世界で目に見える業績や成果を得られるのは，足が速かったり，習い事や部活動で優勝したり

するような限られた子たちなので，「誇れる何か」をもっていない子の方が多いのです。自己肯定感が低い子のうち，どんな手を使っても認められたい，承認されたい，人からすごい！と言われたい子は，「うそ」という手段を使ってでも，偽りの称賛でも，ないよりはマシという心の状態になるのです。

担任ができるメンタルケア

 ### 内容の真偽ではなく，話す動機（目的）に注目する

　聞いていると様々な矛盾点があるので，思わずツッコミを入れたくなるところですが，ここは話す内容の真偽ではなく，このうそを含む話を通してこの子は何を得たいのか目的を探ります。そのような態度で聴いていると，話している子の寂しさや自己肯定感の低さに気づくことがあります。

 ### 無条件の肯定をする

　条件付きの愛情ではなく，「そのままの自分でよい」と思える環境をつくりたいものです。そのためには，その子の日常のあれこれ，特別に何かをしたわけではないことにこそ，称賛を与えるようにします。「考え方がよい！」「センスがある！」「居るだけで楽しい！」「きみは面白いな！」「うちのクラスの大切なメンバーだ！」などと，話を盛らなくても自分が認められているような実感を得られるように言葉かけをしていくとよいでしょう。

CASE **2**

事実と異なる話をする

本人に直面（コンフロンテーション）しましょう

ストレスサインの要因

 ### 実害の有無

　前項の「話を大げさに盛る」も今回の「事実と異なる話をする」も，根本の目的は周りから注目されたい，認められたい，というものです。しかし，「話を大げさに盛る」は程度にもよりますが，実害が伴わない場合が多いのに対し，今回のうそは周りの迷惑になる可能性があります。例えば，「誰かに殴られました」「盗られました」「僕は何もしていないのに」「知らない人がついてきました」…，確認すれば真偽が明らかになるものもあれば，ならないものもあり，教師としては対処に困る場面が多々あります。

 ### うそのストーリーを自分で信じ切っていることがある

　うその中で厄介なのは，第三者がいなくて事実関係が確認しにくい場合と，本人が自分のうそを自分で信じ切っているかのような振る舞いをするときです。本人のうそに担任はうすうす気づいているのですが，周囲の人たちがうそに踊らされ続けて，解決が遅くなる場合もあります。中には自分で傷をつくってくる，「ミュンヒハウゼン症候群」（自らに負わせる作為症）のような大げさなうそもあり，傷が事実として存在しているのでうそが明らかになら

ない場合もあります。繰り返されるうそは往々にしてエスカレートしていきます。対応としては，本人のうそのストーリーに一度乗ってみて，矛盾から切り込んでいく方法や，事実関係を積み上げて，うそをついている本人に直面（コンフロンテーション）する方法があります。

担任ができるメンタルケア

事実関係を正確に記録する

　事実と異なる話のうち重大なできごとに関する場合は，正確に記録を取ります。場合によっては本人の許可を取って，IC レコーダー等で録音・録画します。本人へは「きみの話をちゃんと聞きたいから記録を取ってもいいかな」と了解を取ります。そして事実確認をしてしばらく経った後，学年の職員等に依頼して，再び同じ質問を尋ねてもらいます。同じ質問を時間差で尋ねることで，本人の発言の揺らぎ（ズレ・食い違い）を見つけます。

直面（コンフロンテーション）する

　発言の矛盾点や食い違いを穏やかに指摘し，さらに説明を求めます。合理性のない説明が行われた場合，「残念ながら，きみの説明を聞いて納得することができません」と伝えます。「本当のところはどうだったんですか？」と畳みかけます。そこで自分のうそを認めた場合は，その目的を尋ねます。自分のうそを認めない場合は，教師としての願いを「I（アイ）メッセージ」で伝えます。「今回のことは本当だったのか，そうでないのかちょっとわからなかったけど，私は○○さんにはいつでも正直でいてほしいです。そして，○○さんが正直でいられるように，先生も努力して良いクラスをつくっていきたいと思います」と話をまとめます。

CASE **1**

日によって浮き沈みが大きい

今よりマシな状況に注目させましょう

ストレスサインの要因

 ### ハードルが高い月曜日

　学校において欠席が多い曜日は月曜日です。雨が降っていたりすると，さらに欠席者の数は増えます。日曜日の夕方，アニメのサザエさんが放送される時間辺りから，翌日の月曜日のことが頭をチラついて，憂鬱な気分になるという経験は誰しももっていることでしょう。その憂鬱な気分に折り合いを付けることができずに，月曜日まで持ち越すと学校へスムーズに登校できなくなります。多くの子どもたちは学校へ来てしまえば，気持ちが切り替わって，通常通りの学校生活を送れるのですが，気持ちが沈んだままの子どももいます。月曜日以外にも，曜日によってその子どもの苦手な教科や，習い事があるために，特定の曜日に気分が沈んでいることがあります。また，思春期を過ぎた女子は生理の関係で気分が沈んでいることがあり，男性の教師は本人の気分の変調を理解できないことがあります。

 ### 何がどうなっていればいい？

　気分が落ち込んでいる時は，すべてが面倒くさくて，世の中全体がだるく思えてしまいます。したがって，何が原因で気分が落ち込んでいるかを探る

と，あれもこれもと出てきてしまって，八方ふさがりになります。そこで，ネガティブな方を聞かず，「何がどうなっていればいいですか？」という解決像を聞いてしまう解決志向アプローチの手法を使うと前に進みます。

担任ができるメンタルケア

今よりマシな状態を尋ねる

　ダルそうな子どもに声をかけます。「おはよう。よく来たね」「…」「調子はどうですか？」「あんまり…ですね」「そうですか。変な質問をするんだけど，今よりマシな状態になるには，何がどうなればいいかな？」「学校がなくなればいい」「ハハハ，なるほど学校がなくなればね。残念ながらなくならないから，他にないかな？」「授業が面白くなればいい」「なるほどね」

一部分でも実現しそうなところを見つける

　子どもが話す状況の中から，一部分でもプラスの部分を見つけて伝え返します。（続き）「今日の授業は全部つまらないの？」「基本，全部つまらないけど…，まあ，体育はまだマシかな」「体育はマシなんだ」「そう」「ちなみに体育は何やるの？」「何かバスケ，とか言ってたかな」「バスケは好き？」「まぁ，そうですね」「そうか，じゃあ，とりあえず体育があるから，多少，学校へ来る意味があるかな？他にマシな授業はある？」

CASE 2

1日の中での浮き沈みが大きい

睡眠時間を整えさせましょう

ストレスサインの要因

朝が弱い子が9割？

　学年が上がるごとに，朝が弱い子が増える印象があります。高学年の教室を回っていると，「朝の会」で歌う声が，ともすると歌っているのかいないのか，わからないくらいに小さい学級というのがあります。下手をすると担任の声だけが響いているという，不思議な光景にすら遭遇します。高学年になると，大人の生活時間に近くなって，親と一緒にドラマを見たり，自分の部屋で遅くまで起きていたりする傾向があります。受験勉強をしている子も比較的夜更かしをしています。それでも，体はまだまだ発達途上なので，睡眠時間を必要としており，朝はボーッとしていることが多いようです。

睡眠時間とメンタル

　夜更かしになってしまう子どもの中に，「眠れない」と訴える場合が結構あります。寝るときにスマートフォンを自分の部屋に置いている子はその傾向が強いです。SNSなどの通知をオフにしていない子は，通知が来るたびに睡眠が妨害されます。また，学校でのストレスが高い子も寝つきが悪いです。睡眠不足はイライラや多動・衝動行為を引き起こすことがあるので，生

活リズムを整えることで，メンタルを安定させます。子ども本人だけでなく，保護者の協力を得ながら進めていくとよいでしょう。理由が見当たらない不眠や，昼間の著しい変調がある場合は，医療機関につなげます。

担任ができるメンタルケア

何時に寝たかを尋ねる

　朝が弱い子に昨晩就寝した時刻を尋ねます。布団に入った時刻は比較的早くても，寝ついた時刻が遅い場合があります。布団の中でスマートフォンをいじったり，マンガを読んでいたりする習慣がある子は，寝つくまでに時間がかかります。寝つく時刻を早めるように指導します。「早く布団に入っても眠れない」という訴えがあり，かつ昼寝などの理由もない場合はストレスの存在を疑い，「何か気になっていることはある？」と尋ねます。

保護者に協力を依頼する

　子どもが学校でしっかりと学習を進めるためには，１日の生活を全体で整えなくてはいけません。学童期に必要な睡眠は９〜11時間で１日の半分近くです。学年通信で全体に呼びかけても，読んだだけになる可能性が高いので，午前中の集中力が著しく低い児童の家庭にピンポイントで依頼します。

　依頼する内容は，午前中に集中できていない現状と，家庭におけるスマートフォンのルールの確認，睡眠時間が９〜11時間取れるように協力して欲しいというものです。保護者自身に問題意識がないと「ああ，そうですか」で終わるので，今の状態を続けるとどういう結果になるのかも，併せて伝えるとよいでしょう。また，「うちは子どもに任せていますから」という家庭には，伝えるべき内容を伝えた上で，あとは子どもに直接指導していきます。

CASE **1**

まじめな子をからかう，ばかにする

すぐに介入して
良いことの価値づけをしましょう

ストレスサインの要因

矛盾しているのが人間

　どの子も成長したい，頑張りたいと心の中では思っています。しかし同時に，楽をしたい，なるべくなら苦労をせずに遊んでいたい，と思っています。それらの矛盾（アンビバレント）した感情が同居しているのが人間なので，それ自体は何も問題がありません。心が健康な状態，以前紹介した I am OK. You are OK. の人は，他人の努力に対して何も思わないか，「自分はやらないけど，努力ができる○○さんはすごいな」と素直に思います。しかし，心が不健康な人は，努力ができる他人に対して妬んだり，価値下げ（ディスカウント）をしたくなったりしてしまいます。

学級集団の歯車が逆に回り始める時

　学級において影響力のある子が努力をする子を妬むようになると，集団の成長が阻害されます。努力ができない自分自身を見つめるのではなく，努力をすることそのものの価値を下げたり，無意味であるかのような宣伝をしたりするのです。それによって，本来評価されるはずの子どもがバカにされる対象になり，評価されるべきでない子がかっこいいとされる逆転現象が起き

ます。そうなると，目に見える努力や，良いとされることは恥ずかしいこととなり，学級集団は退行して荒れていってしまうのです。そうならないためには，まじめな子をからかうような雰囲気が少しでも見えたら，すぐに介入するようにします。対応が遅れると解決に時間がかかります。

担任ができるメンタルケア

全体に価値づけをする

　まじめな子をからかうような様子が見られた時，すかさず学級の目指すべき方向を確認します。私は授業を始める前に，学級全体に向かって話をすることが多くありました。「○○さんが一生懸命にやったことを，私は素晴らしいと思います。なぜならば□□だからです。どういうわけか笑っているような人がいたように思えたけど，私は○○さんがやったみたいなことがこのクラスでもっと起きてほしいと強く願っています」と価値づけをします。

からかう子の弱さと向き合う

　学級集団全体には上述したような方法で価値づけをする一方で，からかう子がからかいたくなってしまった心の部分にアクセスします。努力する友達をからかいたくなってしまったのはどうしてなのか，本人に分析させます。

　もし，自分で分析できなかった場合は，教師が考える解釈を提案してみましょう。「○○さんをからかいたくなったのは，きみ自身が努力することから逃げているからじゃないか，と思うのですがどうですか？」「…」「先生はきみ自身が目標に向かって努力して欲しいし，それがなかなか難しいならば，先生はいつでも協力する。くれぐれも努力する友達をからかうような寂しいことはしないでもらいたい」と心を込めて伝えます。

CASE **2**

まじめに取り組む子の陰口を言う

質問紙で状況を把握しましょう

ストレスサインの要因

消極的な攻撃

努力をする友達を揶揄する心理は前回と共通ですが，今回の揶揄の仕方は「消極的な攻撃」と表現することができます。前回出てきた，努力する友達をからかったり，ばかにしたりする「積極的な攻撃」は目に見えますし，教師も把握しやすいので指導をすることが比較的容易です。しかし，今回のような陰口というのは目に見えにくく，静かに広がっている場合があるので，気づいたときには学級の雰囲気が極めて悪くなっているということがあります。それも，まじめに取り組んでいる本人の不登校など，大事になってはじめて発覚する場合があり，非常に厄介なテーマでもあるのです。

質問紙と面談で防ぐ

子どもの学級適応について，教職経験5年未満と16年以上の教師は有意に見誤るということを明らかにした論文があります（藤村・河村，2001）。子どものリアルは観察だけでは把握することができないのです。そこでQ-U®を始めとする，標準化された質問紙を用いてリスクの高い子を見つけていきます。さらに，学級の児童生徒全員と面談をすると有効です。何人

かだけ呼んで面談をすると，不公平感がありますが，全員と面談をすればそのような心配もありません。普段，担任と子どもが1対1で話す機会がほぼないので，子どもからは概ね好評です。そのような時に，様々な情報を得て，誰が陰口を言っているか，言われているかもキャッチすることができます。

担任ができるメンタルケア

質問紙で状態を把握する

　Q-U® は多くの自治体で導入されており，実施15分，集計45分と短時間で処理でき，結果が一目瞭然なのでお勧めです。「学級生活不満足群」「非承認群」「侵害行為認知群」の子どもを優先的に声をかけていきましょう。

教育相談面接をする

　一人ひとりと面談をしていると，子どもたちの大変さが見えてきます。陰口を最初に言い始めたのは1人でしょうが，それに同調してしまうのは子どもたち自身に共通する弱さや困難さがあるからです。一番危険なのは，私たち大人が自分の成育歴を子どもたちにあてはめて，「私たちが乗り越えてきたのだからきみたちもがんばれ」という思想です。教師の癖である「評価する態度」を少し脇に置いて，子どもたちの困難や大変さに共感して話を聴いてあげると，子どもの内面が今まで以上に見えてくるのだと思います。

CASE **1**

自分の髪を抜いてしまう

....

緊張感の低い学級づくりをしましょう

....

ストレスサインの要因

家族が気づく異変

　面談で，あるお母さんが言いました。「うちの子，最近，ここら辺（頭を指す）が薄くなっているんですけど，気づきましたか？」私自身がだいぶ薄いので，ドキッとしながら詳しく話を聴くことにしました。ある朝，髪の毛を縛る時に一部分の毛が不自然に抜けているのに気づいて，本人に尋ねると「つい髪の毛を抜いてしまう」とのことでした。お母さんは目立たないように上手に結んでいるので，抜毛をしている跡はほとんど気づきません。だからこそ，担任の私も気づかなかったと思われます。

抜毛症という病

　そのように自分の毛を自分で引き抜いてしまう症状を「抜毛症」と言います。髪だけでなく，まゆ毛やまつ毛の一部，または全部を抜いてしまいます。抜毛する理由は，「コントロールできない怒りを抜毛によって解消しようとするもの」（『精神医学事典』，弘文堂）とされますが，精神科で扱う範疇なので，教師ができることは主に環境調整です。因みに有効な治療法は2020年現在，薬物療法（SSRI またはクロミプラミン）及び認知行動療法とされて

います。年齢が低く，症状の軽いものであれば，本人や保護者の不安や緊張を取り除くことで抜毛を消失させることができますが，年齢が高くなるにつれて，相談機関や医療機関につなげることが大切です。

担任ができるメンタルケア

教室の環境を整える

　いわゆる「学級王国」のように息苦しく，緊張感のある学級の雰囲気は，リスクを抱えた子にとって厳しい環境になります。ルールという枠を明確に示しつつ，その中で子どもたちがのびのびと生活できる学級にしていきます。問題行動が起きた時には，大きな声で叱責するような指導スタイルではなく，当該の子どもを1人の人間として尊厳を保った指導にします。

当該の子どもが生活しやすいか確認する

　教師が自分ではよい学級をつくっているつもりでも，そこで生活する子どもたちにとってはそのように感じていないことはよくあることです。今回のケースにおいても，教師が環境調整を行ったつもりでもねらい通りになっていないことがあるのです。そこで，当の本人に「学校で生活をしていて，何か気になることはないですか？教室での生活はどうですか？」などと質問をして，環境調整が本人とマッチしているのか，時々確認をしましょう。

"めざすのは70点の「ほどよい学級」"

CASE **2**

リストカット，アームカットをしてしまう

なるべく早く気づいて，メッセージを受け取ってあげましょう

ストレスサインの要因

 自殺を目的としているわけではないが…

　手首や前腕を刃物等で傷付ける自傷行為をそれぞれ，リストカット，アームカットといいます。多くの場合，自殺を目的として未遂に終わったというわけではなく，その行為自体で完結します。この自傷行為は１回で終わることがなく，繰り返し行うことが特徴です。また，自殺を目的としていないと述べましたが，初回は自殺を意図していた可能性もあり，リストカット・アームカットをする人は，将来的に自殺のリスクが高いとも言われているので注意が必要です。年齢が上がるにつれ自傷行為自体はなくなります。

 なぜ自分を傷つけてしまうのか

　中学生が授業中にトイレへ行ってリストカットしている事例を聞いたことがあります。「リスカ」という略称があるくらい，10代の子どもたちにとっては身近な自傷行為になりました。自傷行為の理由として，緊張感や負の感情を和らげたり，人間関係の悩みを解消したりするためと言われています。トイレでリスカをする中学生の話ですが，手首を切って「ああ，ホッとした」とつぶやいたそうです。癒しの方法，ストレスの解消になっているから，

やめることができないのです。治療には弁証法的行動療法（DBT）と感情調節集団療法（ERGT）が有効とされます。パーソナリティ障害が疑われる場合は，薬物療法も行われます。実態を十分に把握した上で保護者と連携し，相談機関や医療機関へつなげていきましょう。

担任ができるメンタルケア

なるべく早く気づく

　リスカをする子の男女比はそれほど差がありません。冬場は気づきにくいのですが，長そでの服や時計，リストバンドで隠している場合があります。表情が明るく，クラスの中心にいるような子も自傷行為をしているケースがあります。また，近年はタトゥーのようにファッションでリスカをする子がいます。いずれにしろ，「この傷，どうした？」と気づいてあげましょう。

冷静に話を聴く

　感情的な指導は叱責であれ，「助けたい」というメッセージであれ，状態を悪くさせます。冷静な対応が求められます。自傷行為は１つの感情表現なので，それを言語化できるよう話を聴いていきます。慢性的な状態であったり，縫合を必要としたりするような場合は，当然医療機関につなげますが，日常的に話を聴いて，本人の感情表現を促していくとよいでしょう。

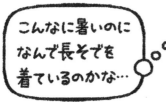

CASE 1

友達のルーツや家族を見下す

自分の中の偏見に
気づかせてあげましょう

  ## ストレスサインの要因

 ### 差別が生まれるわけ

　人間の態度は認知・感情・行動の3つの要素で成り立っています。例えば，認知「良いクラスをつくるには，心理学の知見が役に立つ」→感情「心理学を活用することは好ましい」→行動「本を購入して研修する」というのが態度形成の例です。差別においては，この3つの要素が，ステレオタイプ・偏見・差別に対応しています。例：ステレオタイプ「外国人は日本人より怠惰だ」→偏見「外国人は日本で仕事をするべきでない」→差別「日本人しか採用しない」。社会心理学ではそのように示しています（Breckler, 1984）。

 ### 生産労働人口の減少に伴って

　近年，教室にも外国をルーツとする子どもが増えてきました。学年が低い子どもたち同士は，ルーツに関係なく関わっていますが，学年が上がっていくと，転入してくる外国籍の子どもに対する受容性が低くなる傾向があります。それは，子どもたちの間の同調圧力（大人数の意見に従わざるを得ない雰囲気，忖度）が強くなっていて，異質なものを排除しようとする力が大きくなるからです。自分自身がその同調圧力に従わされていると感じている子

ほど，異質なものへの許容度が低くなり，攻撃性が高くなります。以前，ユング心理学のシャドウ（影）を紹介しましたが，その原理と同じです。学級全体へは道徳科などを通して外国人への理解を促し，差別をする子へは差別をする動機の部分に働きかけます。

担任ができるメンタルケア

ステレオタイプや偏見を検討する

　差別が生まれるステレオタイプや偏見は，合理性を欠く考え方（イラショナルビリーフ）です。「本当にそうだろうか？」と反駁する全体指導が有効です。論理療法に「ABC理論」というのがあります。A：activating event（出来事・ステレオタイプ）→B：belief（信念・偏見）→C：consequence（結果・差別）→D：dispute（信念への反駁）→E：effect（効果）です。自分の中に巣食う偏見に子どもたちは意外と気づいていません。道徳科や学級活動を通して，自分たちの考えの偏りに気づかせてあげましょう。そして，その偏りを自分自身で反駁・検討できる力を付けてあげたいものです。

家庭の影響を考慮する

　全体で指導をしたものの，「先生は間違っている」と思う子どもがいます。それは，その子どもの家族全体がステレオタイプや偏見を肯定している場合があるからです。このような場合は容易に解決するものではないので，対象となる外国籍の子の属性ではなく，人間性に注目できるよう，関わりを増やす活動を実施したり，構成的グループ・エンカウンターのエクササイズを行ったりします。人間関係ができて，外国籍の子の人柄がわかれば，ルーツでその人を決めつけることの無意味さに気づくからです。

CASE **2**

自分と異なるセンスの友達を排除する

それぞれの子どもの辛さに
寄り添ってあげましょう

ストレスサインの要因

アイデンティティ形成は消去法

　かつてほどアニメやアイドル，ゲームなどを趣味とする子どもが排除されなくなったとはいえ，そのような趣味の子はどことなく異質な存在という空気は残っています。先程の項で述べた通り，思春期の子どもたちの世界は同調圧力に満ちていて，異質なものを排除しようとしてしまいます。それは，自分自身のアイデンティティの形成は消去法（○○とは違う）で行われるものであり，致し方ない面もあります。例えば，思春期に入った女子が父親を汚く思うのはその原理に基づいています。築きつつある脆弱な自らの女性性を守るためには，父親がもつ男性性ときっちり峻別を図らなければならないのです。したがって，お父さんは可哀想ですが排除されてしまうのです。

好きではないけど存在は認める

　そういうわけで，自己のアイデンティティを形成する上では，自分にとって不必要な要素は排除されます。しかし，それが実際の人間の排除になってはならないわけです。したがって，その人の振舞い方やセンスは好きではないけれど，その人が居ることは許容する，という落としどころをつくってあ

げる必要があります。なぜならば，今回は排除する側が自分だったとしても，次回は排除される側に回ることだってあるからです。お互いに排除されないように，戦々恐々としているのが思春期の子どもたちのリアルであり，それこそがストレスの源になっているのです。

担任ができるメンタルケア

人間関係の情報にアンテナを高く持つ

　思春期の子どもたちは巧妙に攻撃をするので，一見すると何事もないような感じがします。ここであらゆる情報網を使って人間関係の情報をキャッチするのが担任の力量です。以前にも記しましたが，私は日記や部活動の顧問や専科教員，情報通の子ども等から，逐一情報を得ていました。

共存するための落としどころを探す

　排除する子，排除される子，それぞれと世間話を頻繁にもちます。排除する子は自分を守るために排除しているという事情はありますが，排除する行為を認めるわけにはいきません。その辺の落としどころをどこにするか，話を聴きながら考えるのです。排除される子には，その辛さや「何で私が？」に寄り添います。この子と排除する子との落としどころを探りながら，丁寧に話を聴きます。ポイントはそれぞれの子どもの辛さに寄り添うことです。

人間関係のアンテナを高く持つ

CASE **1**

友だちに何か言われると泣いてしまう

....

泣いてしまう気持ちに
名前をつけましょう

....

ストレスサインの要因

 ### 私が担任した，よく泣いてしまう子

　ある男の子がいました。野球が大好きで，休み時間に友達とよく校庭で遊んでいました。ある時，彼が送球をキャッチしたものの，足がベースから離れていたためにセーフになってしまいました。その間に，三塁にいた走者がホームベースに還ってきて１点入ってしまったのです。

　守備についていた他の友達から，「ちゃんとベースを踏んでおけよ！」という声が飛びました。彼の目からは大粒の涙がこぼれてきました。ふと見ると，自分のＴシャツで涙を拭きつつ守備を続けています。友達の間では慣れっこになっているのか，誰も慰めたりはしません。ただ，マウンドにいたリーダー格の子が「あんまり言うなよ！かわいそうだろ！」とフォローの声をあげています。

 ### 自我の働きが弱まっている

....

　よく泣く子は自我の機能が弱まっていると考えられます。大人でも抑うつ状態だと自我の働きが弱くなります。そういう時は，何だかちょっとしたきっかけで涙がこぼれてしまいます。子どもの自覚としては，何だかわからな

いけど涙が出てしまうのです。

　そのように友達から批判されたり，自分の言動に言及されたりした時の涙に名前をつけるとすると，「恐怖」「不安」「自分自身への苛立ち」などになると思います。涙は一種の感情表現なので，その子の思いを受け入れるとともに，その思いを言語化するよう促しましょう。

担任ができるメンタルケア

泣く目的を考えつつ受容する

　「泣く」という行動には子どもの目的があります。泣くことによって自分の欲求を押し通そうとする目的，言語化できない感情を表現する目的，などです。

　とはいえ，子どもの世界では泣くという行動のインパクトが大きいので，目的はさておき，まずは温かく受容します。その対応次第で，周りの子どもたちの教師への評価が，「冷たい先生だ」となってしまうので要注意です。

感情の言語化を促す

　泣いている最中に言語化させることは難しいので，落ち着いてから自分の気持ちのふり返りをさせます。「さっき泣いていたのはどういう気持ち？」と尋ねます。

　初めは「悲しい？」「悔しい？」「怖い？」「ムカつく？」などと，選択肢を示すとよいでしょう。その感情を示す言葉が見つかったら，「僕は悲しかった」のように言わせます。自分の感情を泣くという行動ではなく，言葉で表現することを少しずつ促していきましょう。

CASE 2

うまくいかないと泣いてしまう

どうなりたかったのかを尋ねましょう

ストレスサインの要因

泣き虫のぶくん

　幼い時の私の話をするのですが，どういうわけか手先が不器用で，特に折り紙や工作が苦手でした。幼稚園の授業中，折り紙の折り方がわからず，いつものように「できないよ〜」と言って泣いていました。

　また泣き始めた私にウンザリした先生は，どういうわけか私を廊下に出し，「ぼくはなきむしです」という看板を首から下げて立たせたのです。4歳の時の記憶ですが，40年以上経った今もはっきり覚えているので，相当印象に残る出来事だったのでしょう。このような対応は言わずもがなですが，不適切です。

理想と現実のギャップ

　なぜ泣くのかというと，できると思っている自分が，できない自分を受け入れることができないからです。赤ちゃんは「何もできないことを知らない」ので，全能感に満ちています。成長と共に自分自身の実力を知り，徐々に全能感が薄まっていきます。しかし，「理想の自分が本当の自分だ」と信じたい子が現実の自分に直面すると，ユング心理学のシャドウ（影）のよう

に受け入れることができず，感情がかき乱されるのです。

　その一方で，理想の自分こそが本来の姿だと信じることは，ストイックに努力をし続けたり，自らを高める原動力にできたりする利点もあります。その子が根底に生きづらさを抱えていく可能性はありますが，今の段階ではうまくいかない時の感情をどのように処理していくのか，一緒に考えていくとよいでしょう。

担任ができるメンタルケア

どうなりたかったのかを尋ねる

　本人が失敗だと思っていても，冷静に考えてみれば，まだ修正が可能だったり，別の形にして対応できたりすることがあります。感情が高ぶってしまっている時は特に視野が狭くなっているので，対象と本人との距離を取るためにも，「どうなりたかったの？」「どうしたかったの？」と尋ねてみましょう。

繰り返し，言語化，落としどころ見つけ

　上記を受けて，「○○にしたかったんだね」と本人の発言を繰り返します。そして，「だから○○（感情を表す言葉）という気持ちになったのかな？」といって，感情を言語化します。

　その後，「この状態だったら，まだ○○という方法と，□□という方法があるけど，この後どうしていく？」とこれからの落としどころを提案します。この過程を様々な場面で繰り返して用いることで，その子どもが自分で感情を処理して，失敗を乗り越えていく力がつきます。

CASE 1

友だちとの接触を極端に怖がる

....

本人の心配をリストアップしましょう

....

ストレスサインの要因

ソーシャルディスタンスは意外と取れない
....

　新型コロナウイルスの感染防止策として，学校では「3つの密」（密閉・密集・密接）を避けることが提唱されました。それに基づいて，緊急事態宣言解除後に学校が再開されて一斉登校が始まると，教室の机の並び方は隣同士がくっつかないように配置されました。文部科学省のガイドラインに基づくと，隣の座席の子との体の間隔は約105㎝ですが，机と机の間隔は約40㎝でほとんど離れている感じがしません。密集を避けると言いながら，教室に30人以上の子どもたちが集まると，どう見ても密集にしか見えないのが現実です。

不安と過敏
....

　原発事故で漏れた放射能と同じように，ウイルスは目に見えないので，その存在を把握することができません。ガイガーカウンターのように測定する機械がない分，ウイルスの方が厄介です。そうなると，特性的・状態的に不安傾向の高い人や，過敏性の強い状態にある人は，実際以上に恐れを感じてしまい，生活に影響が及んでしまうことがあります。また，親が強迫的に清

潔にこだわったり，ウイルスを極端に恐れたりする家庭の場合，子どもに恐怖の学習（条件付け）がなされてしまい，外出することにすら抵抗を感じてしまう状況があるようです。

担任ができるメンタルケア

正しい情報を伝える

　レベル1の地域では1mの間隔を取れば大丈夫であること。万が一手と手が触れたり，共用の物を触ったりしても，石鹸で丁寧に手を洗えば大丈夫であること。マスクを正しくつけていれば，お互いに飛沫が飛ぶことはないこと。以上のような，国や県などで専門家から発せられている情報を伝え，根拠のない恐れを修正します。うわさやネットの情報も出典を明らかにさせ，出典が明らかでないものは信頼性が低い情報であるという，メディアリテラシーを学習する機会としてもよいでしょう。

本人が心配に思うことを挙げさせる

　頭ではわかっていても，怖いと思うことはよくあります。本人が心配に思うことをリストアップして，生活する上で困っていることから順番に解決していきます。不安に思ったら，「正しい対処法を心の中で3回つぶやく」など，その子と一緒に対処法を考えるのも有効です。

CASE **2**

メディアの情報を鵜呑みにしてしまう

利益不利益分析をしましょう

ストレスサインの要因

 コメンテーターの功罪

　アメリカの社会心理学者ラザスフェルドら（1948）によると，マスメディアが人に与える影響よりも，オピニオンリーダーや口コミの影響の方が大きいということを明らかにしました。つまり，ニュースの情報そのものではなく，コメンテーターやリポーターが私見や感情を含めて視聴者に翻訳する情報の影響が大きいということです。また，メディアを一緒に視聴している家族の解説が，流れてくる情報の価値づけをしており，家庭の価値観というフィルターを通して子どもの認識につながることが多いようです。

 信じやすくなる状態

　不安が高い子どもは，逆に不安を掻き立てられる情報に反応しやすくなります。ネガティブな情報を他人よりも早く得てそれを伝え，伝えられた人間が恐怖を感じるさまを見て，自分が優位に立つ快感を味わおうとする子がいます。また，ネガティブな情報を自分の中にため込んで，世の中が不幸に向かっていくストーリーを楽しんでいる心配な子もいます。どちらも根本的には不安を解消しようとして行われる行動なのですが，結果として不安をより

強く実感してしまうという悪循環に陥っています。その悪循環においては，メディアの情報はネガティブであればあるほど刺激が強く魅力があるので，情報の信頼性や妥当性は二の次になります。そのままの状態を放置しておくと，「怖い話」がクラスで盛り上がるように，学級内でコロナウイルスへの不安が量産されます。過敏な子や不安を感じやすい子の恐怖が増大し，場合によっては不登校などの不適応を生み出す可能性があります。

担任ができるメンタルケア

子どもがメディアから得た情報を詳しく聴く

　メディアの情報を鵜呑みにする子は，新型コロナウイルスに対する不安が高い子といえます。感染自体が怖いというよりも，この異常事態が続いていることに不安を覚えています。その子が得た情報を，教師が教えてもらうような形で，詳しく聴いてみましょう。

利益不利益分析をする

　一通り情報を聞き出したら，その情報源を尋ねます。テレビの番組ならば誰の発言か，ネットの情報ならば何というサイトかを明らかにさせます。そのうえで，メディアの情報を集めることでよかったこと，悪かったことの「利益不利益（メリット—デメリット）」分析を行います。結果として不利益が多ければ，あまりよいことではないし，そもそも何のために情報を集めていたのかについても向き合わせましょう。自分の不安ゆえに情報を集めていることに気づいたのであれば，専門家会議から示された生活様式を実行することを促しましょう。そして，今，その子が本当にしなければならないこと，取り組んだ方がよいことを見つけてあげましょう。

CASE **3**
「ウイルスにかかっている」と
いじめが発生している

ウイルスと人を分けて考えさせましょう

ストレスサインの要因

ウイルスにかかったら登校できない

　どの学校も毎朝晩の検温を課しており，熱のある子は登校できません。また，親が感染したら，たいていの子どもは濃厚接触者になるので，学校を出席停止（PCR 検査をして陰性ならば 2 週間後に登校可）になります。親が濃厚接触者になっても，本人に風邪症状等がなければ登校できますが，親のPCR 検査の結果が陽性になって子どもが濃厚接触者に特定されれば出席停止（その後の対応は前述）になります。もちろん，無症状の感染者はいるでしょうが，そもそも感染を示す根拠をもっている子どもは学校に誰一人いません。ですから，友達に向かって「ウイルスにかかっている！」という発言は根拠のない中傷や悪口であって，すぐにやめさせなくてはいけません。

なぜコロナいじめが起こるのか

　根本的には，いじめる子の感染への不安が動機になっています。大都市圏から転入してきた子や，海外から編入してきた子に対して，ウイルスをもち込んできたのではないかという不安があります。いくつかの自治体では，これらの転入・編入生に対して 2 週間の自宅待機を求めています。このことが

人権的にどうかという問題もありますが，「こっちに来てから2週間，発熱もないので感染している可能性はほぼない」という，周りを安心させる根拠になると思います。また，家族や本人が感染した子に対するいじめも，根底には感染の恐怖があります。コロナウイルスを嫌悪することと，感染した子どもを排除することを混同してしまい，いじめにつながっています。しかし，先程述べたように，感染のリスクがないからこそ登校できたのであり，感染した子をウイルス扱いするのは絶対にやめさせなければなりません。

担任ができるメンタルケア

 ### 学校の対応システムを伝える

　感染した子が登校できないようになっている仕組みを，子どもがわかるように説明します。したがって，今現在登校している子どもに感染者はいないことを伝えます。引き続き，新しい生活様式を続けるよう指導します。

 ### いじめ行為とストレスに対応する

　新型コロナウイルスの感染を恐れる気持ちと，その影響で学校がいつもと違う様子になっていることからくる不安が根底にあります。しかし，先程述べたように，ウイルスを嫌悪することと，感染した子を排除することとは分けて考えさせなければなりません。いじめをする子の不安を除去すべく，完治したのでウイルスをもっていないこと，医者からの証明があることなどを説明します。また，一切感染とは関係なく，友達を感染者とするいじめ行為があります。それについては，他のいじめと同様に指導します。ただし，根底に流れている不安にも対処するため，最近心配なことや気になっていることはないか，本人のストレスの部分を傾聴し不安の解消に努めます。

主要参考文献

赤坂真二 (2014). 赤坂版「クラス会議」完全マニュアル ほんのもり出版.

Breckler, S. J. (1984). *Empirical validation of affect, behavior, and cognition as distinct components of attitude. Journal of Personality and Social Psychology*, 47(6), 1191-1205.

土井隆義 (2008). 友だち地獄 筑摩書房.

藤村一夫・河村茂雄 (2001). 学級生活に対する児童認知とそれを推測する担任教師の認知とのずれについての調査研究 カウンセリング研究 34 (3)284-290.

Ian Stewart & Vann Joines (1987). TA TODAY. (イアン・スチュアート ヴァン・ジョインズ 深沢道子 (監訳) (1991). TA TODAY—最新・交流分析入門 実務教育出版).

岩井俊憲 (2011). 勇気づけの心理学 増補・改訂版 金子書房.

岩田将英 (2015). ポジティブ学級に変える! 解決志向アプローチ入門 明治図書出版.

加藤正明・笠原嘉・小此木啓吾・保崎秀夫・宮本忠雄 (編集) (2001). 精神医学事典 弘文堂.

河合隼雄 (1967). ユング心理学入門 培風館.

河村茂雄・品田笑子・藤村一夫（2007）．学級ソーシャルスキル CSS 小学校中学年　図書文化．

岸見一郎・古賀史健（2013）．嫌われる勇気―自己啓発の源流「アドラー」の教え　ダイヤモンド社．

國分康孝・國分久子（総編集）（2004）．構成的グループエンカウンター事典　図書文化社．

舞田敏彦（2016）．「東大生の親」は我が子だけに富を"密輸"する（プレジデント・オンライン）https://president.jp/articles/-/17938 最終アクセス 2020年8月11日．

文部科学省（2020）．学校における新型コロナウイルス感染症に関する衛生管理マニュアル～「学校の新しい生活様式」～（2020．8．6 Ver．3）．

小澤美代子（2003）．上手な登校刺激の与え方　ほんの森出版．

Paul F. Lazarsfeld, Bernard Berelson, & Hazel Gaudet (1984). *The People's Choice Columbia University Press.*

Rachel Simmons (2002). ODD GIRL OUT : The Hidden Culture of Aggression in Girls. Harcourt, Inc.（レイチェル・シモンズ　鈴木淑美（訳）（2003）．女の子どうしって，ややこしい！草思社）．

氏原寛・成田善弘・東山紘久・亀口憲治・山中康裕（編）（2004）．心理臨床大事典　培風館．

おわりに

　大学院の恩師が次のようなことをおっしゃいました。
「僕は修士論文のあとがきや謝辞から読むようにしている」と。

　なぜかというと，そこにこそ著者のパーソナルな部分が垣間見られて，
「ああ，こういう人が書いたんだな」と，その著者の人となりを思い浮かべ
ながら読むことができるからだそうです。そうした方が，ただ論文を読むよ
り内容を理解できるのだと。

　私はこの本を書いているとき，故國分康孝先生のことがずっと頭に浮かん
でいました。数回しか直接お会いしたことがなかったのですが，教師として，
カウンセリング心理学を学ぶ者として，大変大きな影響とご示唆をいただき
ました。

　私が大学院の指導教員を決めたのも，他ならぬ國分康孝先生からのご紹介
でした。2018年４月19日にご逝去され，翌週の23日（月）に松戸市で行われ
たご葬儀に伺ったのが最後のお別れとなってしまいました。

　今では，YouTube で生前の國分康孝先生のご指導を拝見させていただく
のみとなりましたが，先生から頂いた “Courage to be.”（千万人と雖も
吾往かん）の言葉を胸にこれからも精進していきたいと存じます。

　前著『ポジティブ学級に変える！解決志向アプローチ入門』から６年，２

冊目の単著を上梓する機会をくださった明治図書の新井皓士さんに心から感謝します。

　私は人生における数々のポイントで，重要な出会いに恵まれました。

　その出会った方々から頂いた糧に導かれて，今の私がいます。

　大学，大学院の恩師，友人，教え子，保護者，地域の皆様，同僚，上司…。紙幅の都合でそのすべてを書くことはできませんが，私と出会ってくださったすべての方々に御礼申し上げます。

　私の両親，姉，義理の両親，義理の兄弟にもこの場を借りて感謝を述べたいと思います。

　それから，いつも私を支えてくれている妻の昭子，自分らしく成長を続ける手先が器用な息子峻明，楽しいお話をいっぱい聞かせてくれる努力家の娘華歩に最大級の愛を贈ります。

　この本の何かが，誰かの幸せに少しでもつながることを願って…

2020年11月

　　　　　　　　　　　　　　　　　　　　岩田　将英

【著者紹介】
岩田　将英（いわた　のぶひで）
1976年東京都生まれ。千葉県柏市公立小学校教頭。
千葉大学教育学部卒。鳴門教育大学大学院学校教育研究科教育臨床コース臨床心理分野修了（長期研修）。
臨床心理士。学校心理士。上級教育カウンセラー。ガイダンスカウンセラー。NPO千葉県教育カウンセラー協会常任理事。
千葉県船橋市公立小学校，千葉大学教育学部附属小学校，柏市教育委員会勤務を経て現職。
著書として，『ポジティブ学級に変える！ 解決志向アプローチ入門』（単著），『ほんもののエンカウンターで道徳授業（小学校編）』（共著），『小学校 子どもがかがやくポジティブ言葉かけ辞典（教職研修総合特集）』（共著），『１年間まるっとおまかせ！ 小６担任のための学級経営大事典』（共著），『どの子も輝く！ 通知表の書き方＆所見文例集 小学校中学年』（共著）がある。
Twitter：@iwatanobuhide

心理テクニックで子どもの深層にアプローチ！
学級担任のための「メンタルケア」ブック

2021年１月初版第１刷刊　©著　者　岩　　田　　将　　英
　　　　　　　　　　発行者　藤　　原　　光　　政
　　　　　　　　　　発行所　明治図書出版株式会社
　　　　　　　　　　　　　　http://www.meijitosho.co.jp
　　　　　　　　　　　　　　　　（企画・校正）新井皓士
〒114-0023　東京都北区滝野川7-46-1
振替00160-5-151318　電話03(5907)6701
ご注文窓口　電話03(5907)6668
＊検印省略　　　　　組版所　株　式　会　社　カ　シ　ヨ

Printed in Japan
ISBN978-4-18-314923-7
もれなくクーポンがもらえる！読者アンケートはこちらから